무우無偶

無偶

종림

솔

서문

나는 나를 신의 실패작이라고 생각했다.
세상에 맞는 구석이 하나도 없는 것 같다.
왜 태어났지?
자의로 태어난 것 같지는 않다.
아무튼 이 세계에 주어졌다.
자라면서 가만두지를 않는다.
이래라 저래라 자르고 붙이고 기형을 만들어놓는다.
그래도 살아야지!
어떻게 움직이지!
그런데 걸거치는 것이 왜 이리 많아.
그래서 이 세계를 고해라고 했는가?
움직임에는 두 가지 힘이 작용하고 있는 것 같다.
하고 싶은 것과 해야 할 것들이다.
하고 싶은 것은 욕망, 충동에 근거하고 자기 중심적이다.
만족과 불만족이 판단의 기준이 된다.
해야 하는 것들은 당위, 상징적인 어떤 것들이고, 행위에 의미를 부여해준다.
옳음과 그름이 판단의 기준이 된다.
두 힘 간의 긴장 관계가 인간들을 가장 힘들게 하는 것 같다.
인간은 욕망과 상징 사이를 순환하면서 살아간다.
문제가 발생하면 상징을 교체하여 욕망을 재배치한다.

그래도 마찬가지다.
벗어나려면 순환의 고리를 끊어야 한다.
상징에 구멍을 내야 한다.
새 바람에 새로운 장이 될 것 같다.
그것이 공일까?
공은 비었다, 없다라는 말이다.
공과 색의 관계가 유와 무의 사이의 선에서 해석되어왔다.
이것이 공에 접근하기 힘들게 하는 원인이 아니었나 한다.
공과 색을 0과 1의 관계로 본다면 접근하는 길이 조금은 쉽게 보일 것이라는 생각이다.
0이 있다라는 것은 없는 것이 있다라는 말이다.
1이 시작점이 될 수 있을까?
0의 집합이 있다.
공집합이다.
공집합은 요소도 공이고 전체로서의 집합도 공이다.
무한에 이르는 길이 열린 것인가?
무적無的인 어떤 것들에 대한 경험, 그 경험에 비추어 세계를 본다면
아마도 세계가 다르게 보일 것 같다.
0에서 시작해라!

차례

서문

I

0과 1	11
0.5라는 존재	20
세 개의 점	29
네티 네티	37
공집합空集合	46
대각선對角線	56
소실점消失点	64
장場의 논리	74
무한 이야기	84
산다는 것	94
무와의 조우	105

II

유토피아 꿈꾸기	127
이데올로기라는 환상	135
초탈의 이상	143
도피의 메커니즘	152

III

나의 묘비명	163
다시 태어난다면	170
수행 방법으로서의 선禪	176
본성론적인 전제들에 대한 반성	184

I

0과 1

1에서 시작하지 말고 0에서 시작해라.
1에서 시작한다면 살아도 죽은 송장이다.
0에서 시작한다면 1도 살고, 2도 살고, 3도 산다.
01, 02, 03 ……

이 글은 네팔의 포카라에 머물 때 쓴 글이다.
포카라는 머물고 싶은 곳 중에 하나다.
안나푸르나도 있고 페와호도 있고 바라히섬의 힌두사원도 있다.
그런데 내가 문제 삼고 있는 것은 유와 무인데 왜 0과 1이라는 생각이 튀어나왔을까.
아마도 유와 무의 사이에 있는 공의 위치가 무도 될 수 있고 유도 될 수 있는
조금은 어중간한 입장이라는 느낌 때문이었던 것 같다.
출가하기 전에 마지막 본 책이 사르트르의 『존재와 무』였다.
그러나 기억나는 것은 하나도 없다.
글자만 봤던 것 같다.
무화無化라는 개념 하나는 생각이 난다.
화化라는 개념은 지금도 좋아하는 것 중의 하나다.
화라는 말은 노장적인 개념이다.
무화, 물화, 신화, 내화, 외화 등등.

무엇 무엇이 되다, 변화하다라는 의미는 들뢰즈와 가타리의 되기 아니면
생성이라는 개념까지도 이어질 수 있다.
그전까지 하던 일은 헤겔의 『정신현상학』이었다.
나는 나 자신을 신의 실패작이라고 생각했다.
세상에 맞는 구석이 하나도 없는……
절대정신이 현현하여 나타나는 마음의 지도를 그릴 수 있다면 나같이 방황하는 인간들이
쉽게 길을 찾을 수 있을 것이라는 기대에서였다.
그러나 지도의 그림이 그려지면 그려질수록 확대되면 확대될수록 빈구석이 더 많아진다.
따라서 고민도 갈등도 더 많아질 수밖에 없다.
그래서 출가할 수밖에 없었는지도 모른다.
하고 싶은 일들 중의 하나, 만일 공의 입장이 있다면, 나를 공의 위치에 두고
세계를 쳐다보고 세계와 사건을 해석해보는 것이었다.
유와 무는 대對가 되는 것일까?
있다와 없다는 무슨 의미일까?
없다는 없다고 치고, 있다는 어떻게 있는 것일까.
있는 것은 있고 없는 것은 없다.
너무 간단한데 괜히 복잡하게 만드는 것이 아닌지 모르겠다.

일반적으로 있다 할 때의 있다라는 말은 무엇 무엇이 있다라고는 무엇 무엇을 지칭한다.
있다와 있는 것으로 나누는 것은 의미가 있을까.
우리들이 살고 있는 세계는 유有의 영역이다.
있는 것들과의 관계 속에서 삶을 영위하고 있는 것이다.
그러나 사는 데 계속 문제가 발생한다.
이렇게 있는 것이라고 생각했던 것들이 변화하여 다른 것들이 되고 있던 것들이 사라지고 새로운 것들이 나타난다. 무적無的인 것의 개입이다.
이러한 무와의 관계를 어떻게 설정하느냐에 따라 삶의 태도나 세계를 보는 시각이 달라진다.
무의 개입 정도는 무시해도 일상의 삶을 유지하는 데는 크게 문제가 되지 않는다.
신이 주사위 놀음을 했을 리는 없으니까.
신의 뜻을 알기만 하면 된다.
어떻게 아느냐가 문제이긴 하지만.
말이 사물을 지칭한다면, 말의 개념을 확실히 하고 논리적으로 합리적인 구성을 한다면
세계가 정리될 수 있을 것이라고 기대하는 것이다.
언어나 논리의 실증주의자들이다.
과학적인 입장도 이 중의 하나다.

과학에도 변수야 있기는 있지만 상수를 기반으로 변수가 풀려나간다.
이 상수들 위에 기능이나 기술이 세워진다.
옳다 그르다의 문제보다 가능한가 가능하지 않는가가 문제다.
삶의 의미 따위는 끼어들 여지가 없다.
하이데거는 있다와 있는 것을 존재와 존재자로 구별한다.
여기서 말하는 존재는 있는 것으로서의 존재자가 아닌 없는 것으로의 무다.
문제는 있는 것으로서의 존재자들이 존재를 망각했다는 것이다.
그래서 기술이나 공작사회로부터 벗어나는 길은 존재의 속삭임을 무의 소리를 귀 기울여 들어야 한다는 것이다.
불교에서는 존재하는 모든 것은 연기적인 존재라고 한다.
연기적이란 불변의 실체로서의 존재가 아니라는 것이다.
불교 이전에 인도에서는 유신론적인 창조설이나 유물론적인 적취설이 있었다.
연기는 신적인 실체도 물질적인 실체도 아니라는 것으로 해석된다.
또 연기를 인과로 해석하기도 하는데 이것 역시 실체론적인 사고다.
오히려 연과 연의 관계, 조건과 조건의 결합으로 보는 것이 무난하다.
 연기적인 존재는 실체가 아닌 것으로 있는 것, 가합假合, 합성된 존재, 환幻과 같은 존재로 지칭된다. 꿈과 같고 아지랑이와 같은······
 세계는 무상하다.
 잠시도 쉬지 않는구나!
 피곤하다.
 쉴 곳, 상수, 정지점을 찾게 된다.
 사물은 변화해도 변하지 않는 뭔가가 있을 거야? 불성일까!
 그래서 변하지 않는 법을 추구하기 시작한다.
 사물의 영역을 구분하고 법의 개념들을 정리한다. 부파불교가 가졌던 태도들이다.
 아무리 세계를 분류하고 정리해도 문제는 사라지지 않는다.
 이런 것들의 반발로, 아니다 아닌 것들을 더 밀고 나간다.
 아냐, 그런 개념들은 성립이 안 돼.
 그런 태도로는 문제가 해결되지 않아. 이러한 입장이 반야부 계통의 태도였던 것 같다.
 먼 길을 돌아왔다. 공적인 입장의 탄생에 대한 배경이었다.

 공! 너 누구야?
 몰라라고밖에 대답할 수 없을 것 같다.

연기의 후예인 것은 맞는 것 같고 아닌 것의 이름 정도일까.
공은 있다와 없다, 이다와 아니다라는 개념이 없는 영역이다. 개념이 아닌 개념일까.
태어나자마자 오해와 비난이 쏟아진다. 그래서 용수가 독살당했는지도 모른다.
아니다, 없다, 그래서 어찌하라고.
비었다!
신도 없고 법도 없다고. 그럼 막 살아도 되는 거야?
아무튼 공에 대한 오해는 지금까지도 계속되고 있다.
도가적인 영향도 있었겠지만 한역의 불전에서는 공이 무나 허로 번역되었다.
무는 초월의 세계일까. 유의 입장에서 본다면 있는 것이 아닌 초월의 세계이다.
그래서 칼루파하나는 공을 초월의 신적인 세계의 문을 열었다고 비판한다.
대승불교의 유신론적인 태도를 말하는 것이다.
원시불교의 경험론적이고 인식론적 입장에서 본다면 일리 있는 지적이다.
그리고 유와 무의 이원론적인 입장이 문제될 수도 있다.
공이 무의 영역에 편입됨으로써 무는 유의 근거로서의 역할을 담당하게 된다.

때문에 유와 무를 연결할 수 있는 다리가 필요해진다. 그런데 어찌 다리가 시원치 않다.

본성론으로 들어가는 것일까.

또 공이라는 말이 명사적인 용법으로 사용되면 문제가 발생한다.

무엇 무엇인 것이라고 할 때는 있는 어떤 것, 유가 된다. 말이 가지는 개념의 문제이다.

없는 개념을 만들어낼 수밖에 없다. 허황해진다.

차라리 공한 무엇 무엇이라고 하는 형용사나 무엇 무엇이 공하다는 술어적인 용법으로

사용된다면 많은 문제가 해소될 수 있다.

그래서 티베트에서는 공이 아니라 공성空性이라는 말을 쓰기도 한다.

아무튼 공이라는 말은 추상적인 개념이다. 무엇 무엇이라고 하는 내용이 없는 말이다.

조금은 구체적으로 지칭할 수 있고 위치만이라도 자리 지을 수 있다면 접근하기가

훨씬 쉬워질 수 있을 것이라고 생각된다. 이제야 유와 무의 사이에 선을 그을 수 있을 것 같다.

불변의 실체로서의 유, 실체가 아닌 것으로 있는 것, 불不이나 비非라는 아닌 것으로 존재하는 영역이다.

공으로서의 존재, 공의 영역은 무의 영역일까 유의 영역일까. 아니면 유도 아니고 무도 아닌 영역일까. 무로서의 세계는 초월의 세계다.

무의 무, 절대무라는 세계도 있는 걸까.

유와 무의 사이에 비非와 공空의 영역을 설정할 수 있을 것이다.

공은 무의 영역도 있고 유의 영역도 있다. 아니면 유도 아니고 무도 아닐까.

만일에 유와 무 사이의 선이 아니라, 있는 것의 구성적인 입장과 무의 신적인 초월의 입장으로 나눈다면 공은 어디에 위치할까.

초월도 아니고 구성도 아닌 경계선에 확실히 위치시킬 수 있을 것이다.

그래서 0과 1이라는 생각이 나왔는지도 모른다. 0은 너무 재미있는 개념이다.

0은 수이기도 하고 수가 아니기도 하다. 수가 아니지만 자리가 있다.

0은 무한과 동격이고 0은 모든 것이다. 공집합은 더 재미있다. 공집합은 집합론에서 수의 집합 개념과는 완전히 다르다.

공집합에서 0이 열이면 0도 되고 10도 된다. 아니 11도 된다. 하나가 더 붙는다. 나머지가 있다.

이 나머지가 자유의 영역이다. 창조의 장場이 되는 것이 아닐까 한다.

　공집합을 유와 무의 사이가 아니라, 공을 구성과 초월의 경계선에 위치시킨다면 많은 문제가 해결될 수 있을 것 같다.

　구성주의는 지상에서 바벨탑을 쌓아 하늘에 이르기를 바란다면,

　초월주의는 하늘의 신이 지상에 강림하기를 기다리는 것과 같다.

　문제는 있는 것을 아무리 잘 구성해도 빈구석이 있고 초월의 세계에 구원을 기다리는 것도 한계가 있다.

　구성주의도 아니고 초월주의도 아닌, 무로 넘어가지도 않고 유에 편입되지도 않고

　0과 1의 사이에 선을 그을 수 있는 것이 공이라는 개념이 아닐까 한다.

0.5라는 존재

중국 여행팀 중에 '쩜오'라는 별명을 가진 사람이 있다.
어떻게 쩜오라는 이름으로 불리게 되었는지는 모른다.
아마도 조금은 어눌한 조금은 엉뚱한, 상식에 어긋나는 듯한 말이나 행동 때문에 붙여진 별명인 것 같다. 때로는 기가 있는 곳이라도 만나면 기를 받으려 사라지곤 한다.
지금은 동천洞天을 찾아 헤매고 있지만.

0.5는 중간일까, 아니면 반점일까. 아무튼 1이 못 된 어떤 것이다.
수학에서 0.5는 1이 되기 위한 준비 단계, 정수가 아닌 소수이다.
1이 되기 위해 꿈틀거리는 무엇인가다. 일상에서는 1이 못 된 모자라는 것이다.
철학이라면 0.5의 위치를 어디다 어떻게 두어야 할까.
0.5는 1이라는 형상도 내용도 가지지 못한 어떤 것이다.
무명은 천지의 시작이요, 유명은 만물의 어머니라. 무명씨로 이름해도 될까.
너무 격상된 이름이 아닐까. 과분한 이름이 아니라면 무와 유, 공과 색, 0과 1 사이의 점,
연결 다리의 역할을 할 수 있을까. 진공묘유眞空妙有의 묘유일 수 있을까.

무극無極이 태극이요, 태극이 음양을 낳고 음양이 사상을 낳고……

음과 양이 만나서 하나의 사물을 형성한다. 음과 양을 매개하는 것은 기氣이다.

음의 기나 양의 기는 뭉쳤다 흩어지고, 나타났다 사라지고 한다. 0.5는 음일까.

음일 수도 있고 기일 수도 있다.

역에 유혼遊魂이라는 놈이 있다.

유혼은 말 그대로 떠도는 혼이라는 이야기다.

떠도는 유랑자, 소속도 없고 정착도 하지 못한 놈이다.

뭔가 있기는 있는 것 같은데 실체도 알 수 없고 이름도 알 수 없는 놈이다.

1의 입장에서 본다면 기존의 질서를 흔들고 파괴할 수도 있는, 정체를 알 수 없는 위험한 놈이다.

기존의 질서나 틀에서 본다면 위험한 불청객이다.

속담에 모르는 천사보다 아는 악마가 낫다고 하듯이, 유혼은 좋지 않은 의미로 쓰인다.

그러나 새로운 질서나 생성이라는 측면에서 본다면 또 다른 역할도 있다.

유혼은 수로써 셈해지지 않은, 셈할 수 없는 영역이다.

유혼은 극에서, 끝과 시작, 변화와 선택의 선에서 나타난다.

유혼이 나타나면 위험한 동거가 시작되는 것이다.

사회적인 질서가 흔들리고 인간은 병이 생긴다. 유혼은 왜 발생할까.

기본적으로 하나가 둘로 나누어지는 데 있다. 하나로 돌아가면 될까.

그런데 돌아갈 하나가 없다는 데 문제가 있다. 태초에 말씀이 있었다.

하나님이 세계를 창조하시고 그 하나하나에 이름을 부여한다. 문제의 시작이다.

말은 말대로 사물은 사물대로 놀기 시작한 것이다.

분리된 둘을 일대일 대응시켜 연결해야 하는데 뭔가 어긋나고 맞지를 않는다.

모순 역설이 발생한다. 그것이 유혼이다.

실체가 없는데 말만 있는 것은 허구요, 실체는 있는데 이름이 없는 것도 존재가 아니다.

수학에 서수와 기수라는 것이 있다.

기수는 하나 둘 셋을 말하고, 서수는 첫 번째 두 번째 세 번째라는 위치, 자리를 말한다.

같은 3이라도 세 개라는 개수를 말하기도 하고 세 번째라는 위치를 말하기도 한다.

그런데 집합에서 세 개의 합이 세 개가 아니라, 전체를 포함하여 네 개가 된다.
 수와 자리가 맞지 않게 되는 것이다. 하나가 들어갈 집이 없다. 떠돌이가 될 수밖에 없다.
 우리는 하나 둘 셋의 계산으로 살고 있다.
 그러나 셈해지지 않는 부분, 셈할 수 없는 영역이 있다는 것을 받아들여야 한다.
 언어의 길이 끊어지고 생각의 길이 미치지 못하는, 무엇이라 이름할 수도 없는 어떤 것이 있다는 것이다.
 무라고 이름해도 좋고 공이라 이름해도 좋다. 만일에 계산을 한다면 어떤 그림들이 나올까.
 하나일 때에는 문제가 없다. 그러나 둘이 만난다면 사건이 발생한다.
 음과 양이 만나서 사물을 형성하듯이, 두 선이 직각으로 만난다면 대각선이 만들어진다.
 대각선에는 나머지가 있다. 가로선에도 세로선에도 속하지 못하는 부분이다.
 나머지 부분을 어떻게 처리하느냐에 따라 세계를 보는 시각에 차이가 생기는 것 같다.
 셈해지지 않은 셈할 수도 없는 나머지를 무시해도 일상을 유지하는 데에는 문제가 없다.
 그러나 그 나머지에서 항상 문제가 발생한다.

피타고라스 학파는 수를 만물의 근원이라고 생각했다.
그러나 대각선의 길이는 정수로서 표현할 수가 없다. $\sqrt{2}$라는 무리수다.
수로서 표현할 수 없는 것도 있다는 것이 알려지고 학파는 해산하게 된다.
역에 있어서도 하도河圖와 낙서洛書, 정역正易에 이르기까지 대각선의 나머지 부분, 수도 되고 괘卦도 되는 5와 10이라는 수를 안에 두느냐 밖에 두느냐에 따라 달라진다고 한다.
우리는 보통 가로와 세로의 사각의 영역에서 산다.
가로와 세로의 대응관계 속에서 풀어간다. 너와 나, 말과 사물의 관계다.
그래도 문제가 안 풀릴 때에는 대각선을 긋든지 아니면 가로지르는 선을 긋는다.
우리는 말을 가지고 산다. 의식을 규정하고 존재는 말이 규정한다.
말이 말을 낳고 말만 무성한 세상이다. 사물로 돌아가면 조금은 나아질까.
세로와 가로의 선은 직선적으로 진행된다.
대각선을 가로나 세로의 선으로 삼아 원을 그린다면 원의 지름이 된다. 원은 순환한다.
사각의 방도가 아니라 원도가 그려진다. 내가 원의 중심이 될 수 있을까.

　나를 원의 중심에 둔다면 조금은 나아질 것 같다. 1에서 본다면 0.5는 모자라는 놈이다.

　일상에서 본다면 유혼은 기존의 틀이나 질서에 적응하지 못하고 벗어난 놈들이다.

　잘라버릴까. 버린 자식들이다. 더 이상 미련을 둘 필요도 없다. 가장 손쉬운 방법이다.

　동서양의 문명을 비교할 때 쓰는 비유 중의 하나, 서양에서는 알 수 없는 위험한 용을 퇴치하는 기사가 문명을 개척하는 영웅의 칭호를 받는다.

　그러나 동양에서는 심우도尋牛圖에서 이야기하는 것과 같이 야생의 길들여지지 않은 소를 찾아

　잘 길들여 소도 없고 나도 없는 세계를 그린다.

　이것은 한 극단의 예를 비유로 든 것이긴 하지만, 서양의 이러한 태도가 0이라는 수의 도입이 늦어지고 무한이라는 개념의 도입을 꺼렸다고 한다.

　이것이 실체적이고 분석적인 서양 문명의 성격을 규정했다는 것이다.

　역에는 귀혼괘라는 것이 있다. 어떻게 돌아갈까.

　옛날 집으로 돌아갈까, 아니면 새로운 집을 지을까.

　『법화경』에 돌아온 탕아의 이야기가 있다. 어릴 때 집을 나간

아들이 떠돌이 거지 생활을 하다가 자기 집인 줄 모르고 밥을 얻으러 온다.

아버지는 아들을 알아보고 따뜻하게 맞아주고 집을 물려준다.

그러나 이것은 전제가 있다. 아버지의 따뜻한 마음, 여유분의 셈에 없는 부분이다.

계산되지 않은 여유분이 있어야 하는데, 어째 세상은 각박하게 흐르기만 하는 것 같다.

토인비A. J. Toynbee의 문명발달사에 의하면 문명 건립은 창조적 프롤레타리아들에 의해 발생한다.

성장기에는 창조적 부르주아지로서 지배적인 역할을 담당하지만, 쇠퇴기에는 창조력을 잃고 지배적 소수자로 전락한다.

초기의 문제 해결의 방법이 상황의 변화에 적응하지 못하고 효력을 발휘하지 못하는 것이다.

이때 기존의 틀에서 벗어난 유랑민 프롤레타리아들이 발생한다.

프롤레타리아들은 무산자일까 아니면 머물지 못하는 자들일까. 무엇을 가지고 돌아갈까.

문제는 돌아갈 집이 없는 놈들이다. 해결책이 없다.

인식 불가능하고 결정 불가능하고 셈해질 수 없는 미정이다.

대각선의 나머지 부분, 집합의 나머지 영역, 이런 것들을 역에서는 미제未濟라고 한다.

돌아갈 수 없다면 끝까지 갈 수밖에 없다. 돌아와도 끝을 보고, 말의 끝, 생각의 끝을
한 번쯤은 보고 돌아와야 할 것 같다. 이러한 결정 불가능한 것들에 대한 설경들은 많다.
빛의 입자나 파동, 입자들의 나타남과 사라짐, 거기에다 관찰자들의 개입까지 있다.
입자들의 위치가 불확실해진다. 우연과 필연에서 우연적인 요소들의 작용도 있다.
유전자는 복제 작용만을 한다. 그런데 변이가 발생한다.
그러나 그 변종이 살아남을지 사라질지는 아무도 모른다. 자연선택이다.
진화는 그렇게 이루어진다. 끝까지 가서 보고, 돌아오고 돌아와서 무엇을 어떻게 할까.
공은 빛이다. 공의 빛이 비치는 땅에서 소나무를 심고 바위를 어루만지며 어떤 집을 지을까.
일상의 집들은 이념의 그림자 속에서 법과 제도의 틀에서 관습이나 경험에 따라 삶을 꾸려나간다.
공적인 경험에 근거한 삶이라면 아무래도 좋다.
그러나 종교적인 꿈을 가진 인간이라면 공의 빛을 받아서 하늘의 별이 될까.
철학적인 인간이라면 공의 파편들을 모아 이념이나 개념의

집을 지을 것 같다.

작가라면 카오스의 거품들을 모아 떠도는 소리나 색에 형태를 부여하고 작품을 만들어야 한다. 작품이 말을 한다. 그렇다면 내가 작품이 되고 작품은 내가 되고, 보는 사람은 둘째치고.

그러고 보니 말할 수 없는 소녀의 이야기가 생각이 난다. 융 C. G. Jung이 신화를 분석한 것이다.

음과 양이 맞물려 있는 그림이다. 반음 반양이 만나기는 했으나 뭔가 형상을 이루기 전의,

무어라 말할 수 없는.

세 개의 점

세 개의 점이라, 하나의 점도 많은데. 점이 아닌 점일까. 공은 그림자 정도일까.

우리는 점으로 살아간다. 점이 없이도 살 수 있을까.

불교적인 입장이라면 점이 있어서는 안 된다. 공에는 말도 없고 점도 없다.

침묵하면 될까.

침묵도 하나의 말이다. 침묵에서 길어낸 말이라면 어떨까.

연기는 이것과 저것의 관계 아니면 합성으로 모든 것들이 이루어진다고 한다.

시작도 끝도 없다.

그러므로 모든 것들은 실체적으로 있는 것이 아니라 실체가 아닌 것으로서의 존재라는 것이다. 중론中論에서는 구사론자들의 개념화된 말들을 분석하여 그러한 말들의 개념은 성립하지 않는다는 것이다.

아니다 아니다라고는 말할 수 있지만 무엇 무엇이다라고는 말할 수 없다.

아니다 아니다라고 모든 것이 제해진 빈 어떤 것, 무어라 이름할 수 있을까.

형상화할 수 있을까.

무의미의 거울에 나타난 형상일까.

그림을 그릴 때 우리는 보통 형태를 먼저 그리고 배경을 그린다.

안이 아니라 밖부터 그린다면 다른 그림이 나올 수 있을 것 같다.

아닌 것들을 제한 나머지 부분이 있다.

편견이나 선입견으로부터 어느 정도는 벗어날 수 있을 것이다.

지금은 동서양의 문화가 하나로 통합되어가지만, 동양과 서양의 문화를 비교할 때

서양의 문화를 양陽의 문화, 동양의 문화를 음陰의 문화로 구분하기도 했다.

우리들의 문화 중에서 유교적인 사고가 양적인 성향이라면 불교나 도교는 음적인 영역에 속한다.

삼교의 통합을 꿈꾸지만, 그렇게 효과적인 것 같지는 않다.

음의 문화는 빼기의 문화.

화폐가 힘이 되고 기술이 끝 간 데를 모르는 상황이라면 빼기의 태도에 더 주의를 기울여야 할 것 같다.

돈은 무엇이든지 가능하고, 기술은 불가능이 없다.

무엇을 위해 주어진 길이 아니라 내 삶의 의미 같은 것을 한 번쯤 생각해보는 것이 좋을 것 같다.

우리는 과거를 근거 삼아 현재를 관계 짓고 미래의 목표를 향해 걸어간다.

나는 왜 태어났을까.

나는 누구일까.
무엇을 어떻게 해야 할까.
누구나 한 번쯤 물어보는 생각들이다.
이러한 하나하나의 생각들이 점이 되어 내 주위에 찍힌다. 내 삶의 영역이 된다.
자화상!
나 자신의 가장 멋있는 모습.
비탈진 작은 언덕에서 괭이인지 지팡이인지를 짚고 석양을 바라보면서 무엇을 할까 생각하는 모습이다.
일이라면 세상의 빈구석을 채워주는 정도랄까.
하고 싶었던 일들 중의 하나.
불교적인 이념을 정립하는 것이었다. 그래서 찍은 점이 공적인 것이었다. 공이 지향점이 될 수 있을까,
될 수 있다면 어떤 점이 되어야 할까 하는 이런 생각들이다.
불교와 교단의 갈등이나 혼란은 역사적인 전통의 부담도 있겠지만 근본적인 원인은
이념의 혼재에 기인하는 것이라는 생각에서였다.
조계종은 선을 종지宗旨로 하고 있다.
그러나 정토적인 요소들도 포함하고 있다.
지금은 티베트의 밀교적인 요소나 남방 상좌부 계통의 요소들까지 들어와 있다.

다양성은 인정하더라도 종파적인 요소들이 갖는 위치나 영역 구분 정도는 필요할 것 같다.

현대는 통일적인 세계관이나 이념을 추구하는 것은 불가능한 것으로 보인다.

인간의 유한성 때문일까 아니면 이성의 한계일까.

아마도 존재 자체의 구조가 그럴지도 모른다. 다양성을 담을 그릇이 없다는 것이다.

나머지가 남고 빈구석이 생긴다는 것이다. 형상은 자연이 만들고 의미 부여는 인간이 한다.

그런데 형상은 차치하고라도 의미를 부여하는 것이 사람마다 다르다.

다양한 의미 부여들을 어떻게 처리해야 할까.

의미의 장을 하나로 포개면 표준형이 나올까.

인간의 유한성이나 이성적인 한계의 문제라면 초월적인 어떤 것에 근거를 구해야 할까.

세 개의 점들은 공의 다른 이름들이다.

공空적인 것들의 다름 영역, 존재, 자아 그리고 대상들에 찍힌 점들이다.

공집합, 대각선 그리고 소실점이다.

불교의 존재론은 유심唯心일까 유식唯識일까.

아니면 공일까.

연기적인 입장이라면 이것과 저것이 무엇인가라기보다는 어떻게라는 관계 변화에 중점을 둔다.

현상학적이고 경험론적이다. 부파불교에서는 다양한 법들의 범주 개념 규정을 하고 있으나, 법들의 근거, 기체로서의 근거에 대해서는 할 말이 없다.

찰나생刹那生, 찰나멸刹那滅 정도일까. 공적인 존재라면 어떤 것일까.

비었다, 없다, 아니다라고 하는 것만으로는 뭔가 부족한 것 같다.

무적인 것, 비적인 것에 이다를 붙이면 될까. 없는 것으로 있는 것, 아닌 것으로서 있는 것, 비존재라는 존재는 어떤 것일까.

말이나 되는 걸까.

불교는 음적인 요소가 많다. 양적인 실체로서의 존재 같은 것은 처음부터 부정되었다.

음적인 존재론도 가능할까.

음적인 빼기. 모든 것들을 제한 빈 것 아니면 나머지 부분이 있을까.

내용을 빼버리면 형식은 남을까. 존재를 담는 그릇 정도일까.

아무튼 아닌 것으로 남은 것, 없는 것으로서의 이름 정도일 것 같다.

공적인 존재로서의 공집합,

나를 세울 수 있는 빈 자리로서의 대각선,
그리고 지향점으로서 소실점이다.
세 개의 점은 이 세계에 대한 구성적인 사고나 태도도 아니고 신비나 초월적인 세계도 아니다.
세 점은 존재 자체와 자아 그리고 대상들의 영역들로 구분된 것이다.

나는 21세기 한국 불교의 중이다.
나의 위치, 불교의 위치를 어디다 두느냐에 따라
세계를 보는 시각이 달라질 것이다. 한국 불교의 위치는 어디쯤일까.
불교의 탄생으로부터 시간상 2500여 년 공간상 수만 리의 이동이 있었다.
그동안 많은 변화가 있었을 것이다. 그러나 원형을 찾자는 것은 아니다. 원형을 찾는 데에는 한계가 있고 찾는다고 해도 다시 돌아갈 수는 없다.
위치를 규정하는 데는 도움이 될 수 있을 것이다.
한국의 불교는 근본불교와 대승불교가 함께 유입되었다.
근본불교와 대승불교의 태도의 차이는 지금도 가장 큰 문제 중의 하나다.
다음은 도교와의 관계, 유교와의 관계 설정이 중심 과제였다.

지금은 문제가 더 복잡하게 얽혀 있다.
지금의 상황에서 부딪힌 문제는 과학적 사고나 유신론적인 태도가 아닌가 한다.
불교를 유물과 유심으로 나눈다면 유심론적인 입장이고,
유신과 무신으로 나눈다면 무신론적인 입장이다.
불교는 무신론적인 입장이지만 신적인 요소에 많은 빚을 지고 있고, 유심론적인 입장이지만 유물론에 등을 대고 있다.
마음만 정화되면 문제가 해결될까. 그러기에는 너무 많은 조건들이 있다.
철학적인 사고에 기대해도 될까. 철학적인 개념이나 이념 가지고는 문제가 해결될 것 같지는 않다.
이념적인 개념의 성립이나 궁극적인 실재를 추구하는 형이상학은 끝났다고 한다.
다만 개념들의 위치는 잡아줄 수 있을 것 같다. 신이 없이도 살 수 있을까.
신이 없이도 살 수 있다는 것을 한 번쯤은 보여주고 싶었다.
그렇다고 사물의 추구나 집착이 삶의 의미를 주는 것은 아닐 것이다.
이것도 아니고 저것도 아닌 그런 것이 무엇일까.
그런 것이 있기는 있는 걸까.
신적인 초월의 세계도 아니고 대상화되는 사물들의 세계도 아닌.

공적空的이라면 그림이 나올까.

아마도 그림자 정도는 나타날 것 같다. 존재에는 전체나 완성이라는 것이 없고 항상 빈구석이 남는다.

나를 빈 자리에 둔다면 사물이나 세계가 있는 그대로 보일까.

모방해야 할 원형도 없고 우리가 가야 할 목적지가 없다면 조금은 자유로울 수 있을까.

나는 사막의 여행을 좋아한다. 사막에는 눈에 걸거치는 것이 없다. 그리고 길이 없다.

길이 없다는 것에 왜 편안함을 느낄까. 어쩌다 나타나는 오아시스의 푸른빛은 너무나 선명하다.

공집합, 대각선, 소실점이라는 세 개의 점이 아닌 점이 될 수 있을까.

하나하나에 대한 이해나 관계 설정은 앞으로 계속될 것 같다.

네티 네티

공은 너무 멀리 있는 것 같다. 가기도 힘들지만 돌아오는 길은 더 어려운 것 같다.
공이라는 말의 개념도 추상적이고 부정적인 의미가 강하다.
또 공이라는 말의 sunyata가 한역에서 도가적인 영향도 있었겠지만 무無나 허虛로 번역되면서
공에 대한 이해가 더 어려워진 것 같다.
그래서 생뚱맞은 공집합이라는 수학적인 개념을 끌어들였는지도 모른다.
공집합이라는 개념을 끌어들인 이유는 공을 이해하기 위해서이기도 하지만 공과 연기를 관계를 지우고
공과 색을 연결하는 다리 역할을 할 수 있지 않을까 하는 기대에서다.
공이 무적인 어떤 것에 침잠하거나 초월적인 어떤 것에 안주하기보다는 색이 색일 수 있는
공이 되기를 바라는 생각에서다.
불교는 연기, 공, 중도를 축으로 삼고 있다.
억지로 배대하자면 연기가 현상학적인 접근이라면 공은 존재론적인 영역이다.
중도는 행위와 실천의 영역이랄까.
연기가 신의 창조와 물의 원소 사이에 있다면 공은 상주와 단멸의 사이에 있고

중도는 유와 무의 사이에 있는 입장들이라고 할 수 있다.

우리는 유와 무의 사이를 오가면서 때로는 초월을 꿈꾸기도 한다. 도달한 결론은 유도 아니고 무도 아니다라는 것이다. 아니면 모든 것 범신론적인 영역에 진입할 수밖에 없다.

만족스럽지 못하기는 마찬가지다.

'네티 네티'는 '아니다 아니다'라는 말이다.

인도철학에서 말할 수 없는, 접근할 수 없는 신적인 어떤 것을 표현할 때 쓰는 말이다.

노자의 첫 장에 나오는 말이기도 하다. 도는 말로 할 수 없고 이름 붙인 것은 영원하지 않다고.

초기 기독교에서는 신의 이름을 함부로 부르기를 꺼리고 신의 형상을 그리는 것을 금기시했다. 지금의 부정 신학이라고 이름하는 것이다.

남의 이야기를 하려는 것이 아니다.

불교에서 원시불교에서 대승불교로 넘어가면서 여래장, 진여, 본성 등의 이름들이 나타나기 시작했다.

어떻게 봐야 할까.

아니다 아니다. 다음에 무엇이 있을까.

신이 있을까.

아무것도 없을까. 있다고도 할 수 없고 없다고도 할 수 없는 상태일까.

유와 무라는 선으로써는 그려질 수 없는 그림일까. 유, 무의 선이 아니라면 0과 1의 선은 어떨까.

0과 1 무한을 한데 엮을 수 있는 것이 공집합이라는 개념이 아닌가 한다.

왜 공이여야 했을까.

어쩌다가 여기까지 왔을까.

우리는 유학에 대하여 비판적인 교육을 받아왔다. 그러나 우리의 상식이나 교양을 형성한 것은 유교적인 이념이었다.

인간은 천지인 삼재三才와 이理와 기氣의 관계 속에 주어진 존재이다.

천명을 받아 인간의 도리를 밝혀야 한다는 것이다.

그런데 천명이 있다면 세상을 이렇게 두지는 않았을 텐데

새로운 세계를 그리든지 아니면 초월의 길을 살 수밖에 없었는지 모른다.

공산주의는 새로운 세계이다. 민족이라는 피보다 국가라는 집단보다는 나은 꿈들이다.

당시에 떠도는 말로 20대에 공산주의가 못 된 놈은 가슴이 없고 30대에 아직도 공산주의를 말하는 놈은 생각이 없는 놈이라고 했던가.

공산주의, 사회주의, 아나키즘 아직도 아련히 남아 있는 꿈들 중에 하나이다.

지금은 정치적인 아나키스트이기보다는 인식론적인 아나키스트이기를 자처하고 있기는 하지만.

상식적인 교양이 유교적인 유산이라면 나의 정서는 노장적인 사고와 태도에 기반하고 있는 것 같다.

도가의 초월적인 꿈, 시와 비, 선과 악, 미와 추 등의 상대적인 입장에 끌렸던 것 같다.

장자의 제물齊物의 논리다.

절대를 붙들어도 견디기 힘든 세상에 상대적인 입장에 몸을 싣다니 고민이 많을 수밖에.

그래도 쳐다보는 것은 절대는 없어도 상대적인 너와 나를 가지런히 놓을 수 있는 평平은 얻을 수 있겠다는 기대에서였다.

인도의 사상을 베다Vedas의 시대, 우파니샤드Upanishad의 시대, 베단타Vedanta의 시대 세 시기로 구분한다.

베다는 신들에 대한 찬가이다. 브라만Brahman이라는 창조주에 대한 찬사, 헌신, 제사를 통해 신의 은총을 추구한다.

그러나 우파니샤드 시기에는 신들이 아니라
세계에 대해서 성찰하고 자신들에 대하여 사유하기 시작한다.
아트만Atman이라는 개체이다.

세계와 아트만을 성찰, 명상하며 피안에 이르기를 희망하는 것이다.

베단타는 베다의 끝이라는 뜻이다.

기본적인 입장은 브라만과 아트만이 둘이 아니라 하나라는 것이다.

범아일여의 사상이기도 하고, 불이不二의 논리이기도 하다.

아트만은 브라만적인 신성의 일부를 분유分有하고 있는 걸까.

헤겔을 처음 본 것은 『정신현상학』이다. 마음의 지도 같은 것이다.

마음의 지도를 확실히 그릴 수 있다면, 나 같은 사람들이 더 이상 방황하지 않아도 될 텐데.

헤겔의 논리를 변증법이라고 한다. 정반합正反合의 관계다.

합 속에 정과 반, 정 속에 반, 반 속의 정, 정은 정이기만 할 수 없고, 반은 반이기만을 할 수 없다. 정반합의 영원한 순환일까.

도가적 입장, 불이의 논리, 변증법적인 사고는 매력적인 생각들이다.

아마도 나를 정초시킨 것들이 아닌가 한다.

실재는 이다 아니다라는 형식 논리로 재단되지 않는 접근할 수 없는 어떤 것이라는 생각들이다.

침묵으로 바라보고 몸으로 체득해야 하는 걸까.

너와 나, 모오순이 함께할 수 있는 것이 변증법적 논리이다. 그래서 숨이 트인다.

그래도 말로 한다면 관계로서 쳐다본다면 보일까. 실재의 개념보다는 관계의 개념이 훨씬 나을 것 같다.
　관계적인 시각으로 세계를 쳐다본다면 어떻게 보일까.
　토인비는 영국의 역사학자이다.
　자국의 역사를 연구하면서 대륙과의 관계를 무시하시고는 영국사를 기술할 수 없다고 인식한다.
　그래서 세계의 역사를 문명권과 문명권 사이의 도전과 응전의 관계로 기술한다.
　그전에는 역사를 움직이는 원동력, 힘 같은 것을 찾았다.
　신의 뜻, 자연환경, 인종 등에서 역사의 원인을 찾았다.
　이러한 실체론적인 접근보다는
　도전과 응전이라는 관계론적인 접근이 역사를 폭넓게 해석하고 이해할 수 있었을 것이다.
　프로이트의 무의식의 발견은 인간의 의식을 확장한 것이다.
　천문학자가 새로운 우주를 발견한 만큼이나 위대한 일이다. 그러나 인간의 마음이나 행위를 해석하는 데 개인 심리의 원인과 결과로 규명하기보다는 사회적인 관계 속에서 파악한다면 폭넓게 이해될 것으로 보인다.
　에리히 프롬E. Fromm의 사회 심리학이나 에드워드 윌슨의 사회 생물학적인 입장이다.
　철학에서 형이상학적인 하나는 없다고 한다. 하나라고 하면 빈구석이 있고 둘이라고 하면 나머지가 남는다.

둘은 하나가 되고 하나는 둘로 나뉜다. 둘과 하나의 경계가 애매해진다.

하나라고도 할 수 없고 둘이라고도 할 수 없다.

이것이라고 지칭을 하면 이것이 아닌 것이 되고, 이것이 아니라고 하면 이것이 된다.

이것이 되기 위해 이것이 아닌 것이 필요할까.

수가 아닌 수. 대상도 아니고 내용도 아닌 어떤 것이 아닐까.

최근에 재미있게 읽은 책들 중 하나가 들뢰즈와 가타리의 『천개의 고원』이다.

그리고 또 하나가 알랭 바디우Alain Badiou의 『존재와 사건』이다.

두 사람의 입장이나 시각은 다르다.

그러나 현실은 어느 시점에서는 만날 것 같다. 들뢰즈가 무한을 건드렸다면,

바디우는 0을 문제 삼았다. 0과 무한은 동격이다. 수가 아닌 수들이다.

느낌은 들뢰즈가 현대판 장자라면 바디우의 공집합은 중론적인 공의 후예들이다.

들뢰즈의 존재가 무한속도의 감소라면 바디우의 존재는 0의 집합들이다.

천 개의 고원들은 땅의 주름들일 뿐이다.

속도를 높여라 그러면 더 많은 리좀Rhizome들이 만들어질 것이다.

달려라

머물지 마라

유목민이 되어라

정주민이 되지 말아라

달리는 것만큼 사는 것이다.

길은 달린 만큼 만들어진다.

속도를 내는 힘은 어디에 있을까.

욕망, 욕동 아니면 카오스적인 힘일까. 균형을 잡을 수 있을까.

바디우의 존재론은 일자─者는 없다는 데에서 시작한다. 일자가 아닌 것은 존재가 아니다라고 할 정도로 우리는 일자에 의지해 살아간다.

신적인 어떤 것들 초월적인 어떤 것들에 의해서 우리를 규정지우고 행동에 지침, 삶의 목표를 세우고 삶을 영위하고 있다.

일자가 아니면 우리는 아무것도 아니다.

결론은 '신은 죽었다'이다.

있지도 않았던 신이 죽었을 리는 없지만 신은 없다. 신이 없는 세계라는 것이다.

신들의 구원도 초월적인 꿈도 형이상학적인 원리도 신화적인 이념도 없다.
 인간이 부여하는 의미 부여를 준거점들을 몰수한다.
 인간을 사막으로 내몬다.
 그러나 빛이 있다 아니 어둠이 있다.
 존저의 빈구석이 있고 셈할 수 없는 셈하여지지 않는 부분이 있다.
 아닌 것들의 영역일까.

공집합空集合

 공집합이라는 말을 처음 들었을 때, 왜 그리 재미있어했을까. 공집합은 0의 집합이다.
 0과 집합이라는 단순한 합성일 뿐인데.
 아마도 공空을 이해하는 데서 오는 답답함 때문이었던 것 같다.
 용수龍樹는 팔종八宗의 조종이라고 할 정도로,
 대승불교의 많은 종파가 종조로 모시고 공을 기반으로 삼고 있지만,
 공을 보는 시각은 각기 다르다.
 정작 공을 종지로 삼는 삼론종은 사라지고 만다. 그래도 믿음의 대상을 필요로 했던 것일까.
 티베트의 불교에서는 중론을 교학의 기본으로 하고 있으나, 신앙의 형태는 의례 중심이다.
 『금강경』과 선종의 일부에서는 아직도 공의 논리가 살아 있는 것 같다.
 그런데 공에 접근하기 힘든 것 중의 하나가 공을 알 수 없는, 말할 수 없는 초월의 영역에 위치시키는 것이다.
 또, 공을 만물의 근원이나 법의 기체로서 작용하게 하는 것이다.
 존재론적인 영역이 아니라 인식론적인 시각이라면 문제가 풀릴까.
 집합론은 칸토어Georg Cantor(독일의 수학자)의 창안이라고

한다.

　집합론은 수학을 하나로 묶을 수 있고, 구한에 대한 증명들은 신의 영역을 건드린 그것으로 생각한다고 했다.

　집합에는 여러 가지의 종류가 있다.

　집합과 공집합, 무한집합과 유한집합, 교집합과 합집합, 전체집합과 여집합 등이 있다.

　그러나 공집합과 무한집합은 일반집합의 규칙과 다르다.

　집합은 집합인데, 일반집합의 공리가 적용되지 않는다.

　공집합은 0의 집합이다. 0의 개념은 인도에서 만들어졌고, 아라비아에서 수로서 정착되었다고 한다.

　0은 수이기도 하고, 위位이기도 하다. 없는 것을 표기했어야 할 이유가 뭘까.

　없는 것을 표기함으로써 없는 것으로서 있는 것이 되었다. 있는 것과 없는 것의 경계가 모호해진다. 아닌 것, 없는 것을 어떻게 처리하느냐가 문제의 관건인 것 같다.

　이러한 0과 비슷한 개념들이 갑골문자에서도 나타난다고 한다.

　복사가 "하늘에 비가 오겠습니까?" 하고 묻는다.

　"온다." "안 온다." 하는 대답이 나온다.

　이걸로 충분하다. 그러나 복사는 다시 묻는다.

　"비가 안 오겠습니까?"

두 개의 경우의 수가 네 개가 된다.

아마도 결정되지 않은 미정未定의 우려 때문인 것 같다.

예를 들면, 교통신호의 체계와 같다. 파란불이 켜지면 가고, 파란불이 꺼지면 안 가면 된다. 그런데 왜 멈추라는 빨간불을 켤까.

파란불도 빨간불도 없을 때는 알아서 가야 한다.

가고 멈추는 요인이 다른 데 있다. 요즘은 차도 섬, 사람도 섬 하는 점등이 있다.

공집합은 이상한 집합이다.

0은 유령이다.

0은 있다가도 없고, 없다가도 있다.

공집합은 유령들의 소굴이요.

0이 열 개가 있어도 수로 보면 0이다.

그러나 위位로 보면, 0이 열 개 10이 된다. 더하기와 빼기가 무효화된다.

부증불감不增不減인가. 공은 연기緣起의 발전된 논리라고 한다.

대승불교에서는 연기 즉 공空이라고 한다. 비실체적인 입장에서 본다면, 같은 출발이다.

그러나 연기가 경험적인 것이라면 공은 초월적이라는 것이다. 연기적인 근본불교의 입장에서 본다면, 공의 논리는 너무 변질된 것이다.

대승은 불교가 아니라고 할 정도. 실재를 보는 시각의 차이인 것 같다.

대승과 소승을 가르는 데는 여러 가지 문제가 있다. 입장이나 경향의 차이는 있다.

연기가 상대적이라면, 공은 절대를 추구한다.

연기가 경험적이고 이성적인 접근이라면, 공은 직관적이고 초월적인 접근이다.

모든 존재하는 것들은 신의 창조물도 아니고 원소들의 모임도 아니다.

조건과 조건의 관계일 뿐이다. 그러므로 본성도 없고, 실체도 아니다.

제행諸行이 무상無常하고 제법諸法이 무아無我인 것이다. 있다고 이름 부를 만한 것이 없다. 가명이고 환幻이다. 세계는 무상하다. 구상은 고苦다.

좋은 변화도 있기는 하지만, 항상 하면 행복해질까.

흘러가는 것이 문제가 아니라 집착이 문제일까. 집착하지 마라. 욕망의 불을 꺼버려라.

그러면 편안해질 것이다. 욕망의 불이 꺼진 상태가 열반이다.

부처님은 6년 고행한 끝에 떠오르는 사 벽별을 보고 깨달았다고 한다.

내용은 상수멸정想受滅定이다. 생각과 느낌이 사라진 상태인 것이다.
사고실험의 일종일까.
나를 공의 입장에 두고 세계를 본다면, 세계가 어떻게 보일까. 공의 시선으로 사물이나 사건을 쳐다보고 해석해보는 것이다.
부처님이 깨달은 후, 법을 설하는 데 망설였다고 한다. 일상의 흐름을 거스르는 데다 이해하는 것이 어렵다는 이유에서다. 말이 말을 만드는 세상에 말이 없는 데서 말을 길어 와야 했기 때문이다.
있다. 없다.
이다. 아니다를 끝까지 밀고 간다면, 아마도 딜레마에 봉착할 것이다. 모순을 어떻게 보아야 할까. 이 결정 불가능한 것을 받아들이기가 쉽지 않다. 나를 허공에 두어야 하기 때문이다.
불교는 상대적인 입장이다. 상대적인 입장이라면 고정점이 없다. 이것과 저것의 관계 속에서 점이 만들어진다.
고정점이 아닌 정지점이 있어야 한다. 그래야 계산이 가능하다. 계산할 수 없는 계산되지 않은 것을 괄호 속에 넣고라도 계산되어져야 한다.
기하학에서 원을 사각 안에 넣듯이 연기와 공, 집합과 공집합을 대비한다면 공을 이해하는 데 많은 도움이 될 것으로 보인다.
전제는 0과 공을 얼마만큼 접근시키느냐에 있다. 일단은 공과 0을 통용자로 보고 시작하자.

공집합이 여러 집합 중의 하나이듯이 공은 연기된 것들을 지칭하는 연기의 다른 이름일 뿐이다. 0이 없는 것을 표현하기 위하여 만들어진 것이라면 공은 아닌 것의 이름이다.

아닌 것 다음에 무엇이 있을까.

다시 분화되기 시작한다.

행위의 주체오 지향하는 이상들의 문제였던 것 같다. 연기된 것 실체가 아닌 것은 무無다.

공이다.

부처님의 가르침은 무아라고 했다. 그러나 뭔가 있어야 했다. "이것은 내가 아니다"라고 말했지.

내가 없다고 말하지 않았다. 비아非我다. 어딘가에 진짜 내가 있을 거야.

지금도 진아眞我를 찾아 헤매고 있다. 소아小我가 아니라 우주적인 대아大我일까.

나는 없어도 나는 무상해도 변하지 않는 법은 있을 거야. 법을 추구하기에 시작한다.

부파불교의 경향이다. 제법은 무아이다

법은 항존한다. 본체와 현상의 관계다. 구사俱舍는 법의 창고다.

반야부 계통은 아닌 것을 계속 믿고 나간다.

아니다, 아니다, 공이다.

허무하기는 마찬가지다. 빈 광주리일까. 바둑알이 아니라 판일까.
공의 탄생이다. 공이라는 놈은 실체도 아니고 이름도 없다.
무명씨이다.
불쌍하다. 이름이라도 붙여줄까.
진여, 불성, 여래장 등이다. 이름을 얻고 난 다음에는 먹지도 못하는 광주리가 사과 노릇을 하려고 한다.
공이 만물의 근거, 근원으로서 작용하기 시작하는 것이다.
공은 명사가 아니라 형용사나 술어로써 사용된다면, 많은 문제가 해소될 수 있을 것이다.
집합론이 재미있는 것은 공의 이러한 무분별에 구분의 선을 그어줄 수 있다는 데 있다.
연기와 공, 집합과 공집합의 두 개의 쌍을 연결한다면 공을 이해하는 데 많은 도움이 될 것 같다.
게오르크 칸토어 이후의 많은 수학적 발견들을 이용할 수도 있고,
처음 공과 공집합을 이야기했을 때의 반응은 불교학적인 공과 수학적인 공집합이라는 개념은 너무 이질적으로 연결하는 것은 무리라는 것이었다.
연기인 것을 집합으로 본다면, 공은 공집합과 자연스럽게 연결된다.

공집합은 복잡한 과정을 거쳐 수학적 존재로, 존재의 기본
꼴로 존상시킨 것은
알랭 바디우의 업적이다.
나는 수학을 모른다.
방정식 이후 기호논리학은 물론이고, 공집합을 이야기하니
까, 집합론은 초등학생도 아는 것이라고, 나만 모르고 있었나?
아무튼 무, 0, 공 등은 없는 것을 있다고 강변하는 것들이다.
진짜로 없는 것은 없다고 말할 필요가 없다.
없다고 말하는 것은 있다와 없다는 상대적인 영역에 진입하
는 것이다.
그러나 없는 것을 직접적인 방법으로 증명할 수는 없다.
있는 것이 아니다는 간접적인 방법으로 말할 수 있을 뿐이다.
없는 것이 있다는 전제를 받아들인다면, 있는 것들이 새롭게
보일 것 같다.
0은 1이 아니라 1의 시작점이다. 생각의 끝, 말의 끝이다.
공의 이해가 힘들었던 것은 공을 본체와 현상의 선에 위치 시
켰기 때문이다.
현실이 아닌 초월적인 것이 되고, 공과 색을 이원화시킬 수
밖에 없었다.
공과 0은 모든 곳에 편재한다. 공에는 점이 없지만, 0은 정지
점으로서 작용을 할 수 있다.

정지점이 된다는 것은 계산이 가능해진다는 것이다. 공과 색의 연결 다리가 될 수 있다.
모든 집합에는 공집합이 부분집합에 포함되어 있다.
계산되지 않을 뿐이다. 더해도 그만 빼도 그만인 뭔가가 있다.
집합이라는 존재의 불완전성이다.
집합에는 전체라고 이름할 만한 것이 없다. 전체의 전체는 없다.
무한일까.
집합은 집합의 요소들과 다르다. 같다고 보는 것을 자기 언급이라고 하는데, 자기 언급은 하면 모순에 봉착한다.
나는 대한민국의 국민이고 구성원이지만 내가 대한민국은 아니다.
내가 없어도 대한민국은 존재한다.
집합은 요소가 아닌 뭔가다.
인因 따라 만들어졌지만 연緣 따라 흘러간다. 이러한 집합도 하나의 요소가 된다.
자기 언급을 하지 않으면 요소가 아닌 하나가 남는다.
하나인 전체가 아니다.
존재의 빈구석 전체의 나머지 결정되지 않는 뭔가가 있다.
생각의 출발점이 되어야 할 것 같다.
미발未發의 뭔가가 자유의 영역이고, 창조의 작업이 아닐까 한다.

01, 02, 03……

『반야심경』의 한 구절, 공불이색空不異色, 공즉시색空卽是色, 색즉시공色卽是空.

대각선 對角線

가로와 세로를 가로지르는 선을 대각선이라고 한다.
가로와 세로에 무엇을 두는가 하는 것은 사람마다 다를 것이다.
말과 행위, 수와 사물, 이념과 이념일 수도 있다.
적대적 마주 보는 평행선일 수도 있고 너와 나 일치를 가정할 수도 있다.
우리는 일치를 전제하고 가로선과 세로선을 그린다.
가로선과 세로선이 일대일 대응할 때에는 문제가 없다.
그러나 엇박자 질 때에는 대각선을 그릴 수밖에 없다.
대각선을 긋는다고 문제가 해결되는 것은 아니다.
그러나 문제의 소재는 나타날 것 같다.
정대각선을 그으면 가로에도 없고 세로에도 없는 부분이 나타난다.
문제의 소재처다. 알 수도 없고 계산도 되지 않은 영역이다.
왜 이런 것이 나타났지?
일대일 대응이라는 전제에 문제가 있는 걸까?
대각선이 처음으로 문제가 된 것은 피타고라스 학파에서였다고 한다.
피타고라스는 수가 만물의 근원이라 주장했다. 수로서 세계의 모든 것을 표현할 수 있다고 생각했다.
그러나 대각선의 발견은 정수로써 표현할 수 없는 영역이 있다는 것이 알려진다.

대각선의 나머지 부분이다.

이러한 사실을 비밀로 했다. 그러나 폭로되어 학파는 해산되고 비밀을 폭로한 사람을 바다에 던졌다고 한다.

지금도 우리는 수로써 셈을 하고 말의 개념을 확실히 하고 말을 정화함으로써 세계를 정화할 수 있을 것이라고 생각하고 있다.

그러나 말의 개념의 성립 자체가 불가능하다고 생각했던 것이 용수龍樹의 입장이었다.

말의 속성일까!

개구즉착開口卽錯이라. 입만 열면 어긋나는 것일까.

선 속에 숨어 있던 보이지 않던 것이 다각선에서 표면화된 것인가.

가르든 세로든 선으로 그어지고 직선으로 진행한다면 모순에 봉착하든지 아니면 무한에 이르게 된다.

헤겔식으로 이야기한다면 이것은 악무한惡無限이다.

진무한眞無限이 되려면 직直이 아니라 곡曲이 되어야 한다.

대각선을 변으로 하면 원의 지름이 된다. 사각의 세계가 아니라 원의 세계가 된다.

역에서 방도가 원도로 바뀌는 것은 대각선의 문제를 풀기 위한 방법이었다고 한다.

너는 너 나는 나라고 한다면 관계의 선을 그을 필요가 없을 것이다.

무한에서 만날 테니까. 평행선은 무한에서 만난다.

그러나 우리는 같은 땅 같은 하늘 아래 무수히 얽혀 있는 선들 위에 놓여 있다.

내가 발 딛고 설 땅의 선, 내가 쳐다보고 가야 하는 별은 어떤 것일까.

대각선이 그 선이 될 수 있을까.

유와 무, 공과 색, 0과 1을 가로지르는 선이.

대각선에는 여러 요소들이 있다.

가로와 세로, 배열(직각), 가치(+, -), 반가치(음양의 전환), 반대각선(위상의 변화)들이다.

역의 변화들 중에서 마지막이 미제未濟와 유혼遊魂의 괘다.

아마도 이 부분이 대각선의 나머지 부분이 아닌가 한다.

이것을 해의解義하기 위하여, 하도에서 낙서 정역으로 발전하고 방도方圖에서 원도圓圖로 변화되었다고 한다.

유혼이 들면 일관성을 유지할 수 없다. 변해야 한다. 아니 바뀌어야 한다.

새로운 집을 지어야 한다.

종교적인 경험에서도 감각기관을 통한 일상적인 경험이 아닌 경험을 이상경험이라고 한다.

이 이상경험은 신의 계시인지 악마의 장난인지는 경험 자체로서는 구별할 방법이 없다는 것이다. 결과로서밖에는.
　좋은 결과를 낳으면 선신이고 나쁜 결과를 가져오면 악마의 장난일 수밖에 없다.
　왜 우혼이 발생할까? 운명일까?
　유혼은 떠돌이다. 정착하지 못한 부정적인 이미지가 강하고 부정적으로 평가되고 있다.
　새로운 시작과 꿈을 꾸는 장소.
　조금은 긍정적으로 바라볼 시각이 필요할 것 같다.
　대각선은 너도 아니고 나도 아니다. 너와 나를 가로지르는 제3의 선이고 거기에다 여분의 나머지까지 있다.
　연기된 것은 실체적인 것이 아니다. 인과의 인이 고정 불변의 실체라면 과를 낳을 수 없다.
　관계의 선으로 이루어진 합성된 것이라면 그 결과는 요소들과 다른 것이 된다.
　집합에는 부분집합의 수가 원소들의 수보다 많다.
　그리고 전체라는 합은 요소에 포함되지 않는다. 부분과 전체와의 관계에서 부분들의 모임이 전체는 아니다.
　전체로서의 집합이 되려면 요소로서 조건이 충족되어야 한다.
　내가 있다. 왜 태어났을까. 이유가 없다 아니 모르겠다.
　내가 태어나고 싶어서 태어난 것은 아닌 것 같다. 전생의 업 아니면 다른 이유가 있을까?

이유를 찾는 것은 미래에 대한 불안 때문이 아닌가 한다.
나를 어딘가에 묶어둘 필요가 있으니까.
내 의지와는 상관없이 어쩌다 이 세계에 떨어졌다. 장소 시간 그리고 관계의 선 위에 나를 두게 된다.
어떻게 움직일까? 그런데 내 마음대로 되는 것이 하나도 없다.
내가 자라는 대로 가만두지 않는다. 관계의 선, 관습, 교육 자기들 마음대로 이래라 저래라 자르고 붙이고 기형을 만들어놓는다. 태어나고 싶어 태어난 것도 아닌데 고통은 왜 내가 받아야 하지.
세상을 확 바꿔 아니면 내 영역을 확보하든지.
그런데 거치적거리는 것이 왜 그리 많아! 뚫고 나가야 하는데 그랬나?
내가 내 자신에게 진짜 바라는 것이 뭘까? 모르겠다.
그런데 내 마음이라는 놈도 왔다 갔다 한다. 세계도 변하고 나도 변한다.
나를 어디에 두어야 하지?
깨치기만 하면, 한 소식만 얻으면 모든 것이 풀릴 것이라고 한다.
그런데 어찌 깜깜 무소식이다. 속만 끓는다.
너와 내가 아니라 내 속의 나, 온갖 생각들이 우글거린다.
이런 갈등에서만이라도 벗어나고 싶었다.

어쩌다 나를 사막 한가운데 두게 된다. 갈등의 문제에 대한 해답을 얻은 것은 아닌 것 같고 문제 설정 자체가 해소된 것이 아닌가 한다.

사막의 한가운데는 해도 없고 달도 없다. 산도 없고 나무도 없다.

길은 물론이고 집도 사람도 없다. 동서남북이 없다. 아무것도 없다. 아무것도 아니다.

아! 이제 나를 아무 데 갖다 놔도 나를 세울 수 있겠구나.

그리고 선원을 나왔다.

대각선은 무한의 파편들이다. 가로와 세로, 나와 너 그리고 아무것도 아닌 것들, 무한, 무의 영역일까

아니면 공의 나타남일까.

사실은 공 아닌 것이 없다.

나타나지 않고 보이지 않고 셈해지지 않을 뿐이다.

모든 연기된 것은 실체가 없다고 한다. 실체가 아닌 것은 환幻이고 공空이다.

부분집합의 요소들 가운데 공집합이 포함되어 있다. 그러나 계산되지 않을 뿐이다.

이것을 반半완비된 존재라고 한다. 빈구석이 있다는 말이다.

또 모든 요소를 포함하는 전체의 전체는 없다.

전체는 요소들과는 다른 어떤 것이다.

요소들과는 다른 나머지가 나타난 것이다.
　존재의 빈구석 전체라고 지정하는 것의 나머지 부분을 찾는 것이 일 중의 일이 아닐까 한다.
　대각선 위에 나를 위치시킨다는 것이 무슨 의미가 있을까.
　0이 수들의 정지점이 되듯이 대각선은 내가 발 딛고 설 땅이 될 수 있을까.
　공이 밑 없는 독이라면 발 디딜 여지는 될 것 같다.
　대각선도 임의로 그어진 선이다. 다만 무한과 연결할 수 있는 시작점은 되지 않을까한다.
　대각선은 가로와 세로를 가로지를 뿐만 아니라 나머지 부분까지를 포함하고 있다.
　그 중앙에 점을 찍고 수직으로 세운다면 가로와 세로가 교차하는 점과 만나게 된다.
　이 점이 0의 점, 생각 이전의 점이 아닐까.
　이 선의 끝이 모든 사물이 모이는, 아니 사라지는 소실점이 된다.
　무한에 진입하는 점이다. 지향점이 찍힌다.
　이 선, 이 길이 무한에 이르게 하지 않을까 한다.
　무한에 이르는 길이 열린 셈이다.
　멀리까지 왔는데 대각선에 대하여 한 번 더 생각해보자.
　대각선은 셈할 수 없는 셈해지지 않는 영역이 있다는 것을 보여주었다.

  그것을 괄호 안에 넣고라도 계산을 한다면 우리들의 무게 중심이 달라진다.

  따라서 세계를 쳐다보는 시각도 달라질 수밖에 없다. 이 시각의 끝에 소실점이 있다.

  그리고 무한에 이르는 길도 열리고 땅에 발을 딛고 하늘을 볼 수 있을까.

소실점消失点

공에 세 개의 점을 찍었다.
공집합, 대각선, 소실점이다.
소실점은 사라지는 점이다. 그러나 모든 것들을 위치 지운다.
소실점에 위치 지워진 사물들은 우리들이 지각하는 인상이나 느낌들과는 다르다.
소실점은 주관적이지도 않고 객관적이지도 않다.
소실점에서 그어진 선들은 객관적이지만 소실점을 어디다 찍느냐 하는 것은 주관적이다.
소실점이 점이 될 수 있을까.
점이 아닌 점.
소실점이 지향점이 될 수 있을까.
소실점을 지향점으로 삼았던 것은 이념이나 사물들 간의 모순이나 갈등들 때문이었던 것 같다.
소실점은 사물의 밖에 있다.
소실점은 보드리야르의 아메리카 여행기다. 풍물의 여행기가 아니라 관념의 여행기다.
사막과 도로로 상징되는 미국의 문화는 실현된 유토피아라는 것이다.
그러나 쓰레기다.
사막에는 소실점이 없다. 사막의 지평선은 하늘과 경계를 이룬다. 소실축이다.

길에는 소실점이 있다. 아득히 먼 저쪽에 사막은 사라짐이다.
사막의 입장에서 본다면 인간은 침입자다.
인간이 만든 것은 인간의 힘이 작용하는 한에서 존속한다.
인간의 힘이 미치지 않으면 사막으로 돌아간다.
속도는 사물들을 사라지게 한다. 미국의 도로는 남과 북, 동과 서로 뻗어 있다.
그러나 구대륙의 도로는 도시와 도시가 연결되어 있다.
유럽이 혁명의 열병에 역사 전통의 무게에 눌려 허덕일 때 신대륙 미국은 유럽의 꿈 이상이나 개념들을 모사물로서 만들어냈다는 것이다.
이 모사물들은 실재보다 더 실재적이라는 것이다.
원형이 없는 세계, 모사된 사물이 지배하는 세계.
사막과 속도의 이미지 속에 유럽의 꿈들이 사라지는 것을 하나의 소실점으로 보는 것 같다.
소실점은 상징의 형식들 중의 하나다.
원근법으로서 소실점이 회화에 나타난 것은 15세기 르네상스 시기라고 한다.
신화에는 소실점이 없다. 시선의 끝은 사물의 너머에 있다.
소실점은 인간과 사물의 사이에 있다.
아마도 세계를 보는 눈이나 공간을 구성하는 방법의 차이인 것 같다.

소실점은 인간의 시각과 보여지는 대상 사이의 어딘가에 있게 된다.

문제는 인간의 시각 인상과 실제의 사물들과는 다르다는 것이다.

사물을 바로 보려면 시각이 고정되고 한 눈이어야 하는데 인간은 두 눈을 가지고 있고

눈동자도 끊임없이 움직인다. 게다가 눈은 둥글고 상은 안쪽의 오목한 곳에 맺힌다.

멀리 있는 것이 작게 보이는 것은 당연하지만 시야각이 커질수록 크게 보인다.

이것을 가장자리 왜곡이라고 한다.

사진에서 중앙 초점과의 거리가 멀면 멀수록 사물이 크게 나타난다.

인간의 눈은 초점거리가 가까우면 볼록하게 보이고 멀면 오목한 원호로 보인다.

직선은 굽어 보이고 곡선은 바르게 보인다는 말이 있다.

유성流星은 직선으로 흐르지만 휘어지게 보이고 곧은 기둥은 굽어 보이기 때문에

곧게 보이기 위해서는 배흘림을 한다고 한다.

시각과 사물이 만나서 선이 형성된다. 상은 객관적인 사물들의 보여진 부분들이고

시각구조의 한계를 벗어나지 못한다.
무한을 인지하지 못하고 공간도 공백으로밖에는 인지하지 못한다.
더 중요한 것은 시각 인상에 의미를 주고 재편집을 한다는 것이다.
영화감독이 의도를 가지고 필름을 재편집하듯이
결국은 우리들의 의미 부여의 문제다. 소실점은 최소한 사물의 위치 공간의 통일성을 부여한다.
인간은 자기가 보고 싶은 것만 본다고 한다. 천의 눈에는 천의 세계가 있듯이.
보고 싶은 것만 보고 하고 싶은 것만 하고 살 수 있는 세상이라면 얼마나 좋을까.
쾌락을 추구하는 것을 삶의 목적으로 삼았던 쾌락주의자들도 즐거움을 추구하는 데 지쳐 고행주의자가 된다.
의미 부여는 어떻게 주어지는 걸까.
세계는 나와 너 그리고 너와 내가 상응하여 그것을 형성한다.
물자체는 불가지不可知의 것이다. 우리는 보여지는 것만 본다.
사물의 체계와 의미는 체계는 다른 것 같다. 어떤 의미에서 사물이나 자연은 가치중립적이다.
의미는 안에서 나오는가 아니면 밖에서 주어지는가?
안도 밖도 아닌 중간 매개물들이 많이 있다. 그것을 보통 상징이라고 한다.

프로이트는 인간의 마음을 자아, 무의식, 초자아superego로 구분한다.

무의식이 숨은 욕망이라면 초자아는 욕망을 강제하는 금지의 성격이 있다.

아버지의 상이다.

라캉은 현실계, 상상계, 상징계로 구분한다. 상상계는 거울 단계의 이미지의 상이다.

내가 아닌 것을 보고 "저것은 내가 아니야" 하고 나를 한정 지운다.

대타자의 등장이다.

상징계는 언어의 세계다. 의미를 전달하는 가장 강력한 매체로서 작용한다.

하나님께서는 말씀으로 세계를 창조하셨다. 이름이 없는 것은 존재가 아니다.

언어의 한계가 세계의 한계다.

말이 지배권을 행사한다.

신화에서는 나와 사물과 신적인 것의 구별이 없다.

어린아이들은 울면 모든 것이 충족된다. 그런데 자라면서 안 돼 하는 것이 나타난다.

왜 안 돼 이유가 없다. 안 돼 왜 안 돼. 안 되니까 안 되는 거야.

더 크게 울어!

우는 놈 떡 하나 더 준다고, 그래도 한계가 있다.

어떻게 하지? 길들여지기 시작한다. 나의 영역을 확보해야 한다.

힘을 길러야 한다. 힘을 쓰는 데는 규칙이 필요하다.

그런데 규칙은 의미가 아닌 것 같다.

우리는 나를 어디까지 확대할 수 있을까.

규칙만 따른다면 우주대로 확대될까? 영역의 확보는 생존의 조건들이다.

무엇을 어떻게 하느냐는 시대에 따라 사람에 따라 다르게 선택된다.

주술이 신화적인 세계라면 기술은 사물들의 세계다. 주술이 징조를 본다면 기술은 결과를 기대한다.

신화적인 사고가 천지창조라는 근원에서 사물들을 바라본다면 과학적인 사고는 현상에서 원인을 측정한다. 과학의 진리는 지각의 너머에 있다.

의미는 신적인 어떤 것과 사물들과의 사이 어디에선가 주어지는 것 같다.

인간의 욕망, 충동, 의지가 어디까지 갈 수 있을까.

그 개척점에 신의 뜻 자연의 법칙이 있다.

신화에서는 세계를 성스러운 것과 세속적인 것의 둘로 나눈다.

성스러운 것은 신적인 어떤 것과 관계 지어진 것이다.
신성함은 영적인 어떤 힘이 깃든 것이다. 함부로 다스려서는 안 된다.
탈이 난다. 잘 다스려야 한다. 숭배와 금지의 조항들이 생겨 난다.
인간은 공간과 시간의 좌표 위에 주어진다. 기하학적인 공간에는 동서남북이 없다.
위치만 주어질 뿐이다. 그러나 나라는 점이 찍히고 난 다음에는 앞과 뒤, 좌와 우가 구별된다. 공간이 동서남북으로 구분되고 그 작용이나 기능에 따라 일상적인 존재의 영역과 신성한 영역으로 나뉜다.
시간에는 선이 없다. 그러나 생성과 소멸이라는 변화의 계기가 개입함으로써 생주이멸生住異滅의 선이 주어진다.
수가 신성시되는 것은 무작위로 흩어져 있는 사물들을 일렬로 배열 순서를 정해주기 때문이다.
수는 내용이 아니다.
그러나 혼돈의 세계에 질서를 부여하는 신적 작용이 있다.
형상과 언어는 의미의 매개체들이다.
빛에는 형상이 없다. 빛의 강도에 따라 그림자들이 형성될 뿐이다. 그러나 이 모사물들이 원형을 대신하기 시작한다. 모사물들이 자립하여 실체화되는 것이다.

이것을 존재의 세계에서 의미의 세계로의 이행이라고 한다.
형상들의 실체화가 상징이라면 언어 관념의 집결체가 이념적인 요소들이다.
아마도 상징이나 이념들이 우리를 움직이는 가장 강력한 힘이 아닌가 한다.
상징의 해석 이념의 틀 안에서 우리는 의미를 구성한다.
그러나 지금은 상징도 이념도 없는 과학의 시대, 기술의 시대에 살고 있다
하고 싶은 것, 실현이 가능한 것, 화폐로 교환이 가능한 것들만이 종착지는 모르고 달리고 있다.
그렇다고 과거로 돌아갈 수는 없다.
우리는 이제 상이 아닌 상, 말이 아닌 말에서 시작할 수밖에 없는 것 같다.
오이디푸스 콤플렉스, 왕의 살해, 신의 육화에 기대해야 할까?
선가에 조사를 만나면 조사를 죽이고 부처를 만나면 부처를 죽이라고 한다.
의미의 제거가 무슨 의미가 있을까.
의미만 제거되면 실재가 보일까.
있는 것이 있는 그대로 보일까.
의미는 대상과 관념의 소산들이다.
구름이 걷히면 해가 나타날까.

성인은 꿈이 없다고 한다. 미래의 꿈에 초점을 맞추면 현재를 소홀하게 되고 꿈의 인력에 따라 현실이 휘어져 보이게 된다.
　현재의 삶을 유예하게 된다. 지금을 바로 비추는 꿈 빛이 있을 수 있을까.
　그런 꿈이라면 꾸어볼 만하다.
　논리학에 모순율이라는 것이 있다. 논리에서는 모와 순이 함께 있을 수 없다.
　그러나 현실에서는 모矛와 순盾이 함께 작동한다.
　여기에 따른 것이 배중률이다. 하나가 선택되면 하나는 제외되어야 한다.
　나와 너의 경계의 선을 그어야 한다.
　그림에는 주제가 되는 상이 있다. 그러나 상만 보지 말고 배경과 함께 봐야 한다.
　같은 상이라도 배경에 따라 의미가 달라진다.
　동양화에서는 여백의 아름다움을 강조한다.
　여백은 사물이 없는 빈 공백이 아니다. 공백은 상이 상일 수 있게끔 작용을 하는 장이다.
　조연이 없는 주역은 없다.
　이념을 확실시하는 것은 좋다.
　그러나 소외된 영역, 가장자리의 희미한 상들에 눈을 두어야 한다.

그런 의미에서 본다면 자본주의는 이념의 체계가 아니다.

소실점은 사라지는 점이다. 공백의 점이다.

그러나 모든 사물들을 위치 지운다. 소실점은 무한에의 통과점이 아닐까?

우리는 유한에서 유한을 본다.

그러나 소실점이라는 점을 지난다면 무한의 빛에 비춰진 사물들을 볼 수 있지 않을까 한다.

장場의 논리

공적인 것에 접근하기에는 장적인 개념만한 것은 없는 것 같다.
공과 유의 중간 지점이랄까.
장에는 공적인 요소도 있고 색적인 요소도 있다.
공의 위치를 어디에 두는 것이 좋을까.
있다와 없다, 이다와 아니다의 어딘가에 있을 것 같은데……
공이라는 영역을 어디쯤 위치시켜야 할까.
있다와 없다, 이다와 아니다 아니면 0과 1.
사실 공은 색과 대對가 되는 말이다. 색은 심과 대가 되고. 공은 비식비심非識非心의 법일까.
공이라는 말은 한역漢譯에서 무無 아니면 허虛로 번역되었다.
따라서 유와 무의 선에서 공을 바라보게 되고, 공은 무라는 비유의 영역에 속하게 된다.
유적인 것을 소거하는 데 방향을 정하게 된다. 송곳을 꽂을 한 치의 땅도 있어서는 안 된다.
그러나 우리는 색을 통해서 공을 보고, 공은 색을 통해서 현현한다.
유에서 무를 보는 눈은 그렇다치고 무에서 유를 보는 눈은 어떨까?
조금은 아득해진다.
그래서 진제眞諦와 속제俗諦의 이원二元으로 나눌 수밖에 없었는지도 모른다.

공이 가지고 있는 비非와 불不적인 성격, 비유, 비존재로서의 요소다.

아닌 것으로 있는 것일까, 아님으로서 이다일까. 반야부나 금강경의 입장인 것 같은데……

어느 방향으로 잡는 것이 유리할까.

있다와 없다의 선이라면 무에 진입될까.

이다와 아니다의 선이라면 신적인 초월의 세계에 이를까.

공은 글자대로라면 비다라는 뜻이다. 공은 무가 아니다 공백이다. 빈 것이다.

비었다라는 영역은 있다 없다라는 선이나 이다 아니다라는 선과는 다른 것 같다.

불교의 시작은 연기이다. 연기는 변화와 관계의 입장이다

있는 것에 대하여 창조주에 의해서 만들어진 것이라고 보는 것이 인도의 전통 사상이고

이 세계는 여러 원소들의 집합으로 이루어진 것이라고 보는 부류의 사상도 있었다.

있는 것이 무엇인가라는 것이 존재론이라면 불교는 존재론이 아니다.

무엇이다라기보다는 어떻게 있는가를 문제 삼았던 것 같다.

연기는 관계다. 연기된 것은 합성된 것이다. 고정불변의 실체가 아니다.

세계는 잠시도 머물지 않는다. 변한다는 것을 모르는 사람은 없다. 변화를 바라기도 한다.

그러나 끊임없이 변하지 않는 뭔가를 추구한다.

무아에 대해서 대아, 진아를 찾는다. 있는 것들에 대하여 본체와 현상, 체와 용으로 구분한다.

현상은 변해도 본체, 본성은 변화하지 않는다. 법의 체는 항존한다.

법의 개념들은 확정하고 분류하기 시작한다. 궁극의 점 근원을 설립한다.

심, 식, 진여, 여래장, 불성 등이다. 결국은 하나인 근원으로 돌아가는가.

그래서 공도 만물의 생성근거로서의 역할을 담당하기도 한다.

근원으로서 궁극적인 어떤 것을 추구하는 것을 기체론이라고 한다.

이러한 기체론적인 입장은 아마도 카오스적인 무나 신적인 초월의 세계에 이르지 않을까 한다.

어째 말이 왔다 갔다 하는 것 같다.

의도는 공을 무적인 것에 침잠시키지도 않고 신적인 초월의 세계로 넘어가지도 않고

이 세계에 위치시키는 것이다.

지금까지 한 이야기에는 전제가 있다.

있는 것들의 조합만으로는 안 풀리는 문제가 있다는 것이다. 그래서 무적인 것이나 초월적 어떤 것을 끌어들이게 되는 것이다
무적인 세계에서는 문제는 사라진다. 그러나 돌아오는 길이 막막해진다.
생기生氣와 같은 다른 어떤 것들의 도움을 필요로 하게 된다.
초월적인 것은 불확실한 이 세계에 확실성을 강요한다. 불확실에 불확실을 더하는 셈이다.
공은 중도다. 중도는 비유 비무로 표현된다. 있다와 없다라는 선에서 있는 것도 아니고
없는 것도 아니라고, 아니다라고밖에 말할 수 없었는지도 모른다.
만일에 공을 0과 1의 사이에 위치시키고 공을 공집합이라고 한다던
아니다가 아니라 이다라고 말할 수 있을 것 같다.
공과 집합과 무한을 하나의 선 위에 놓을 수 있을 것 같다.
공집합은 요소가 없는 집합이 있다라는 것이다. 전체는 부분들의 모임과 다르다.
전체는 집합들의 요소가 아니라는 것이다.
부분집합에 공을 함속하고 있고 전체에는 빈구석이 있다는 것이다. 이것을 반완비된 존재들이라고 한다. 내 속의 나이기보다 전체 속의 나이어야 하는 걸까.

장이라는 말은 물리학적인 개념이다. 불교에서도 장이나 계界라는 말이 있다.

장은 장소 정도의 의미고 계는 근根과 경境이 만나서 형성하는 영역장이라는 뜻이 있다.

안식계, 의식계, 법계 등은 관계의 장이라고 할 수 있다.

물리학에서 전자석의 남극과 북극이 형성하는 자장의 발견을 시작으로 중력장, 양자장으로 발전하게 된다.

이러한 장의 개념이 인문학으로 확산되어 생명의 장, 정보의 장 등으로 쓰여지게 되었다.

장은 추상적인 공간이 아니다. 뭔가 작용을 하고 있는 영역이다.

장이 공과 다른 것은 장은 바깥의 경계선이 설정된다는 것이다.

그리고 안은 실체는 아니지만 움직이는 힘 뭔가가 작용을 하고 있다는 것이다.

관계의 장인 것이다. 실체로서의 존재의 세계가 아니라 관계로서의 장 속에 나를 위치시킨다면

세계를 보고 이해하는 방향이 달라질 것 같다.

내가 아니라 가족, 국가, 세계 아니면 미래에 눈을 둔다면 쳐다보는 시각이 달라질 것 같다.

장이 가지는 성격, 장의 안과 밖으로 나뉘는 경계의 선, 장 안에서 작용하는 힘을 어떻게 볼 것인가 하는 것에 따라 공에 접

근하는 방향이 잡힐 것 같다.
 우리가 그림을 그리는 데 보통은 주제가 되는 것의 형태와 선을 그리고 색을 칠하고 배경을 그린다.
 만일 배경부터 그린다면 배경만 그려질까, 주제는 남아 떨어질까?
 눈이 가는 것이 주제일 수도 있다.
 놀이마당이나 윤무, 군무에는 주인공이 없다. 극이나 영화에는 주인공이 나타난다.
 왜 주인공을 필요로 했을까? 왜 주인공을 중심으로 이야기를 전개하는 걸까?
 우리들에게 보여지는 주인공의 빛은 주인공이 발하는 빛일까?
 아닐런지도 모른다. 배경의 빛들이 모이는 초점 아니면 반사경 정도일지도 모른다.
 실험치적인 이야기, 같은 표정의 얼굴이라도 배경에 따라서 웃는 얼굴이 될 수도 있고 우는 얼굴이 될 수도 있다는 것이다.
 논리학에 술어논리학이라는 것이 있다. 대(對)가 되는 것은 명제논리학이고 우리가 일상 쓰는 것은 명제논리학이다.
 우리가 쓰는 말은 주어와 술어로 구성되어 있다. 주어는 주체로서의 존재이고 술어는 주체의 작용을 기술한 것이다.
 주체는 분할 불가능한 최소 단위의 의미체고 주체의 작용이 술어라고 하는 주어 중심의 사고를 명제논리학이라고 한다.

문제는 주어가 가지는 의미체나 지시체로서의 성격이 말과 사물의 관계에서 모순에 봉착하거나 일치하지 않는 부분이 발생한다는 것이다.

주어와 술어의 관계 설정을 어떻게 하는 것이 좋을까?

주어 중심의 사고에서는 술어는 주체의 작용이 된다. 주어와 주어 사이의 형식적인 관계를 추구한다.

주체와 주체가 맞부딪치는 모순을 해결하려는 것이 정반합의 변증법적 논리라고 할 수 있다.

기호논리학에서는 명제로서의 주어가 함수 역할을 하듯이 술어도 함수로서의 역할을 담당할 수 있다는 것이다. 주어와 술어가 같은 함수로서의 역할을 하게 된다.

주어 중심에서 술어 중심으로 중심 이동에는 여러 가지 전제가 있다.

계는 닫힌 계가 아니라 열린 계라는 것이다.

명제로서의 주체가 닫힌 계라면 고정불변의 실체가 되어 관계 자체가 불가능해진다는 것이다.

열린 계라면 명제로서의 주체도 분리 가능한 것이 된다. 이러한 것을 불포화 상태라고 한다.

불포화는 불완전성이다. 뭔가로 채워져야 한다.

장場은 주어의 입장에서 본다면 술어는 주어의 작용이고 주체의 확산이다.

그러나 술어적인 입장에서 본다면 주체라는 점은 술어들의 집합이 된다.

주체라는 개치는 보편 전체 속의 한 점이 되는 것이다.

내포적인 접근과 외연적인 접근의 차이다. 집합은 공집합이다. 부분집합에도 공이 포함되어 있고,

전체집합도 빈구석이 있다. 전체의 전체는 없다.

술어논리학은 술어적 입장에서 주체를 주체이게끔 세우는 사고이다.

이러한 사고는 고논리古論理 신화적 사고나 상징적 행위에서도 발견된다고 한다.

또 분열증적인 사고에서도 유사한 논리가 작용된다고 한다.

장場이라는 개념이 성립하는 데는 절대공간이라는 개념의 포기가 있다.

절대공간은 신의 영역이다, 부동不動의 모든 것이 소거된.

장은 의미의 장이고 활동의 장이다.

이러한 장을 구체적으로 눈에 보여주는 것이 전자석의 남과 북이 형성하는 전자기의 장이다.

물질이라는 실체를 장이나 파라는 작용의 입장에서 파악하기 시작한다.

장에서 작용하는 힘을 파라고 한다. 파를 전달하는 매체로서

에테르를 가정했으나 증명하지 못한다.

아인슈타인이 빛의 연구에서 빛은 파장으로서의 작용도 하지만 입자로서의 작용도 한다는 것을 발견한다. 입자와 파장은 대립되는 개념이다. 이러한 대립을 해소하기 위하여 장적인 입장이 강화된다.

상대성 이론의 발달로 뉴턴의 만유인력이나 중력의 문제를 장에서 파악하게 된다.

중력장에서는 절대공간은 사라지고 상대적인 공간이 된다.

중력의 작용으로 공간은 휘고, 시간은 속도가 달라진다.

상대론적인 장의 입장에서는 입자도 독립된 입자가 아니다. 입자와 입자 간의 상호작용으로 이해되고 입자와 장의 관계가 문제된다.

입자도 불변 요소가 아니다.

장과 장이 만나는 중첩되는 장의 바다에서 반反입자가 출몰한다.

찰라생, 찰라멸 한다. 반입자는 속이 빈 거품 같은 것이다.

입자가 될지 안 될지는 아무도 모른다. 불확정적이다. 이제야 장 속의 모든 것이 사라진 공이 되는 건가?

이것을 진공眞空이라고 한다. 공은 공이지만 뭔가로 가득 찬 공이다.

무無의 장이라고나 할까?

문제가 해결된 건가?
빈 거품은 어떻게 찰까?
주위의 에너지로써 채워진다면 입자가 된다.
관찰자의 개입이 영향을 미칠까?

무한 이야기

무한을 사유하는 데는 역설이 있다.
무한의 문제가 표면에 떠오르게 된 데에는 수數라는 존재가 있다.
물론 종교적인 신적인 세계도 있고 무의 세계도 있다.
태초에 빛이 있었고 말씀이 있었고 수가 있었던 것일까.
'무명은 천지의 시작이요 유명은 만물의 어머니라 이름이 없는 것은 존재가 아니다.'
수로서 정렬되지 않는 것은 있는 것이 아니다. 열 밖에 있는 것은 제외된다.
수의 강력한 힘은 무질서를 질서 지우는 데 있다.
이름은 실체와 동일시되고 수는 상징의 역할을 담당하게 된다.
우리들의 감각이 인지하는 세계는 다양한 형과 색이다. 각각의 형색을 같음과 다름으로 나누고
수와 일대일 대응하여 순서 지우는 것이다.
수는 1에서 시작한다. 1+1은 2, 2+1은 3 ...... 이 끝없이 계속된다.
무한에 도달하지는 못하지만 +1로 끝없이 계속된다. 이런 것을 가산 무한, 셀 수 있는 무한이라고 한다.
유한이 아닌 무한을 실實무한이라고 구분하고 셀 수 없는 무한이라고 한다.
우리는 유한하다. 유한의 영역에서 규칙대로 움직이면 된다.

그러나 무한이 문제되는 것은 유한의 끝에만 무한이 있는 것이 아니다.

유한의 영역 안에도 무한이 잠재해 있다.

사물과 수가 일대일 대응되지 않는 것이 있다는 말이다.

정수론자들은 일대일 대응을 전제로 하고 있다. 모든 것들은 수로서 표현할 수 있고 셈할 수 있고 해를 구할 수 있다고 생각한다.

그래서 정수는 신이 만들었고 다른 것들은 인간이 만든 것이라고 했다.

그러나 그 완전성에 구멍이 났다. 대각선의 루트 $\sqrt{\ }$ 와 원주율 파이 π 이다.

정수로서 표현할 수 없는 수들이 나타난 것이다.

수는 1에서 시작한다. 그 수들의 끝은 오메가 Ω 라고 이름하고 오메가들의 집합, 무한집합을 알레프 $\aleph$ 라고 한다.

수수께끼 하나, 세상에서 제일 큰 수는?

세상에서 제일 큰 수는 없다. 제일 큰 수에 일을 더하면 더 큰 수가 된다.

누군가가 한자 일一을 긋고 세상에서 제일 큰 수라고 말했다. 일자를 반으로 자르고 또 반으로 잘라간다면 끝이 없다는 것이다.

같은 논법의 제논의 역설이라는 것이 있다. 가장 빠른 아킬

레스가 느림보 거북을 따라잡지 못한다는 것이다.

　아킬레스가 한 걸음 갈 때 거북은 반보라도 간다는 것이다. 항상 반걸음은 앞서 있게 된다. 감산적인 사고이다. 감산과 가산 사이에는 0이 있다.

　0은 인도에서 만들어졌고 아라비아에서 수로서 정착되었다고 한다.

　가산의 끝에 무한이 있다면 감산의 끝에 무가 있을까.

　아무튼 수학에서 0이나 무한이라는 개념을 받아들이는 것을 금기시했다고 한다.

　0이 가지는 수가 아닌 것의 속성

　무한이 가지는 역설의 조장 때문이다.

　확실성을 추구하는 수학에서 무한이라는 개념을 받아들이는 것은 쉽지 않았지만

　종교적 입장에서는 환영받을 만한 개념이다. 신의 속성, 신의 초월성, 완전성을 나타낼 수 있는 개념이기도 하다.

　유대 신비주의 전통에 카발라라는 것이 있다. 카발라는 열 개의 고리 혹은 열 개의 동심원을 상징으로 사용하고 있다.

　열 개의 고리들은 세피로트라고 하는데 신의 다양한 속성들을 나타낸다.

　그 중앙 빈 공간에 엔소프 신이 있다. 신은 무한하다.

　무한한 신에 이르는 길, 무한을 명상하는 체계가 카발라다.

전설에 따르면 랍비 아키바를 비롯한 세 명의 랍비가 무한의 명상에 들어간다.

무한의 빛을 보고 한 명은 그 빛을 감당하기 힘들었던지 아니면 너무 좋았던지 그 자리에서 숨진다. 한 명은 무한의 빛에서 두 신을 보게 되고 배교자가 된다.

또 한 명은 두 눈을 잃고 미쳐버린다.

랍비 아키바만이 살아남는다. 『전차의 길』이라는 책에서 무한한 신에 다가가는 길을 체계화하여 전해지게 되었다고 한다.

우연의 일치인지는 모르겠지만 근세에 무한의 속성을 추구했던 두 사람 칸토어와 괴델 역시 정신병원에서 생을 마감했다고 한다.

다시 수로 돌아가자.

수는 1에서 시작한다. 그 1은 어디에서 왔을까

1은 0에서 왔다. 0은 없는 것의 기호다. 수이기도 하고 수가 아니기도 하다.

0은 없는 것이다. 그러나 집합이라는 괄호가 쳐지면 1이 된다. (∅) 없는 것이 아니고 하나라는 1이 된다.

{ 0(∅) } 다시 중괄호가 쳐지며 2가 되고 3이 된다.

우리는 보통 1과 2의 사이를 연속되는 수라고 생각한다. 그러나 1과 2의 사이에는 무한한 유리수도 있지만 무한한 무리수도 있다. 구멍이 숭숭 뚫려 있다는 말이다.

루트 $\sqrt{\ }$, 원주율 π, 대각선 수 들이다. 1에도 속하지 못하고 2에도 속하지 못하는 절단수들이다.

무한은 유한의 끝에만 있는 것이 아니라 유한 속에도 잠재되어 있다는 것이다.

셈해지지 않을 뿐이다.

하나의 선에 있는 점들의 수와 사각의 평면에 있는 점들의 수가 일대일 대응의 규칙에 따른다면 같다는 것이다.

0과 1 사이의 점들이 x, y 좌표상에 표현될 수 있다는 것이다.

수학의 난제 중의 하나, 원을 사각형 안에 넣기라는 것이 있다. 그러나 불가능하다.

파이 π 라는 점이 사각형 안에는 없기 때문이다.

이제까지 무한을 비롯하여 표현할 수 없는 결정되지 않은 것들에 대하여 이야기했다.

1+1=2 일까, 1+1은 2다.

그러나 전제가 되는 조건과 규칙이 있다. 전제나 규칙이 바뀌면 해도 달라진다.

옛말에 콩 한 말에 조 한 말을 넣으면 두 말이 안 된다고 했다. 유類가 다르든지 화학적인 반응을 한다면 2가 안 된다.

전제가 바뀌는 극적인 경우는 평면기하학에서 곡면기하학으로 전환되는 과정들이다.

유클리드 기하학은 평면상에 세워진 기하학이다. 직선의 개념, 삼각형의 내각의 합은 180도라는 것.

평행선은 영원히 만나지 않는다는 몇 가지 공리가 있다.

이러한 기하학이 이천여 년을 지배했다.

18세기 무렵 가우스Gauss는 이러한 공리가 증명될 수 없다는 것을 깨닫는다.

세계가 지구와 같은 원형의 곡면이라면 직선은 없고 곡선만 있다.

삼각형의 내각의 합은 180도보다 커진다. 평행선은 극에서 만난다.

이러한 평행이 아닌 곡면들에 대한 생각을 가우스뿐만 아니라 보여이, 로바쳅스키도 거의 동시에 하였다고 한다.

그러나 세 사람 다 생전에는 인정받지 못하였지만 비유클리드 기하학이라는 새로운 학의 시작이 되었다고 한다.

무한은 유한이라는 말의 상대적인 개념이다. 유한의 끝에 무한이 있을까.

무한이 유한의 끝에 있다고 가정한다면 유한과 무한은 둘로 나뉜다.

무한은 신적인 것의 영역이 되고 유한은 인간의 영역이 된다.

아마도 이것은 직선적인 사고의 결과로 나타난 것 같다.

그래서 유클리드 기하학의 공리와 신의 약속이 양립하게 되는 것이다.

동양에는 무한보다 극이라는 개념을 선호했던 것 같다. 음과 양은 0을 경계로 나누어지고 극에서 만난다.

음양은 극에서 화化한다. 신화, 무화, 물화 등, 음과 양은 태음, 소음, 소양, 태양의 사상四象을 생한다.

직直이 아닌 곡曲이고 원이라는 순환의 의미가 강하다.

직과 곡이라는 전제의 차이가 그려지는 세계를 다르게 한다.

역易에 가족관계 역설이라는 것이 있다. 부는 양이고 모는 음이다. 아들과 딸들은 음양이 전환되어 아들은 모계에 딸은 부계에 정렬되어야 한다.

그런데 장남과 장녀가 갈 곳이 없다.

효를 변화시키든지 괘를 바꾸어야 하는데 그러면 일관성을 잃게 된다.

이러한 모순을 푸는 것이 사詞 즉 점占이다. 말로 메워야 한다.

인간은 생물학의 눈으로 본다면 동물군에 속한다. 본능의 체계에 의하여 움직인다.

동물치고는 허약한 동물이다. 유전자의 복제를 위한 도구일까 아니면 다른 체계를 필요로 했던 걸까.

구원을 위한 신들의 약속 아니면 생존을 위한 터부taboo 금기의 규칙일까.

민족이라는 피 이념이라는 별 혁명의 열정들이 우리들의 행위를 규정 지을까.

우리는 일단 관습이나 실정법에 의해서 움직인다.

가다 보면 문제에 부딪친다. 규칙을 강화한다. 제외되는 것들이 많아진다. 규칙을 바꾼다.

그래도 마찬가지다. 위기의 순간에는 판을 바꾸어야 한다.

새로운 틀을 구성해야 하는 것이다. 새로운 틀을 구성하는 것이 신의 뜻이 아니라면

우리가 가지고 있는 것은 언어, 논리, 수들이다.

새로운 틀을 만드는 데는 기본적으로 사물들의 위치가 문제되지만

사물들의 위치를 규정하는 것은 언어의 체계, 논리의 체계, 수들의 체계이다.

언어의 체계에서는 말들이 가지는 의미의 다양성이 문제가 된다.

언어의 한계가 세계의 한계라고 말하고 말을 정화함으로써 세계가 질서 지워질 것이라고 생각한다.

그래도 말은 말이다. 그래서 말에서 시작하지 말고 사물에서 시작하라고 했던가.

논리와 수는 형식적인 체계를 추구한다.

말의 의미나 내용을 문제 삼는 것이 아니라 형식적인 관계를 문제 삼는다.

형식화는 확실성을 보증한다.

세계가 있는 것들의 일대일 대응관계라면 완전한 틀을 구성하는 것도 가능하다.

그러나 일대일 대응이 되지 않는 것들이 있다.

힐베르트의 계획이라는 것이 있다. 완전한 형식 체계로 수학의 기초를 놓는 일이다.

그러나 괴델이라는 이상한 사람이 나타난다.

괴델의 불완전성의 정리는 어떤 체계든 그 체계로서는 긍정인지 부정인지를 결정할 수 없는 명제가 있을 수 있다는 것이다.

또 그 체계가 완전하다는 것을 그 체계 안에서는 증명할 수 없다는 것이다.

잘은 모르지만 수학적으로 증명된 것이라고 한다.

결론은 모순이 없는 완전한 체계는 있을 수 없다는 것이다.

완전한 체계에 대한 꿈을 버려야 하는 걸까.

체계로서는 접근할 수 없는 어떤 것이 있다. 결정되지 않은 결정할 수 없는,

이다 아니다라고 말할 수 없는 어떤 것이 있다.

있다라는 것은 무슨 뜻일까.

무한이라면 무한의 조각들이 있다라는 것이다. 무한을 이것이라고 한계 지우는 것이다.

이것이 말이나 수들이다.

공집합은 원소가 하나도 없는 집합이다. 집합의 원소도 부분

집합도 전체집합도 공을 포함하고 있다는 것이다. 계산되지 않을 뿐이다.
 공집합을 계산에 넣는다면 전체의 전체는 없다.
 존재의 빈구석이 있다. 있다는 것에 집합이라는 괄호가 지워진 것일 뿐이다.
 1에다 무한을 더해도 무한이 된다.
 무한에다 1을 더한다면 무한일까 아니면 새로운 무한이 생성되는 것일까.

산다는 것

　사실은 공의 눈으로 보여진 공의 빛에 비춰진 세계를 그려보고 싶었다.
　그러나 공에도 없는 세 개의 점을 찍게 되었다. 공집합, 대각선, 소실점이다.
　세 개의 점은 공의 그림자일지도 모른다.
　세 개의 점이 지향점이 될 수 있을까.
　무와 유, 공과 색의 연결고리, 중간 다리의 역할을 담당할 수 있다면 하는 기대다.
　공적인 것과의 만남이라면 살아볼 만한 세계가 아닐까 한다.
　무와 유, 공과 색은 동전의 양면과 같은 것일까.
　하나가 나타나면 하나가 사라진다.
　직선적인 사고라면 영원히 만나지 못할지도 모른다. 원적인 사고라면 만날 수 있을까.
　공즉시색, 색즉시공이라고 하지만 공과 색 사이는 너무나 멀기만 하다.
　그래서 공은 무도 아니고 유도 아니라고밖에 말할 수 없었는지도 모른다.
　있다고 해도 걸리고 없다고 해도 걸린다. 중간 제삼의 것. 이건 더 말도 안 된다.
　개구즉착. 말을 붙이지 말아야 할까.
　비유 비무의 중도는 아닌 것으로 있는 것일까.

엉뚱한 생각을 하게 한다. 진여와 불성과 같은,
신적인 본성론으로 돌아가야 하는가.
비유와 비무는 부정적인 표현이다.
그러나 0과 1은 같은 있다와 없다를 표현하지만 긍정적인 개념이다.
'아니다'보다 '이다'라는 긍정적인 표현이 논의를 전개하는 데 훨씬 쉽다.
공을 이해하는 데 유와 무라는 추상적인 개념보다는 0과 1이라는 개념이 유리할 수도 있겠구나
하는 생각에서 0과 1이라는 생경한 수학적인 말을 끌어들인 것이다.
0과 1은 컴퓨터의 용어다. on과 off, 켜다와 끄다를 가리킨다.
0과 1이라는 두 개의 기호로 모든 정보를 기록한다.
0과 1이라는 말을 들었을 때 이거라면 공을 설명할 수 있겠구나 하는 생각이었다.
0은 공과 동의어다.
처음에 한 말
1에서 시작하지 말고
0에서 시작해라.
1에서 시작한다면 살아도 죽은 송장이다.
0에서 시작한다면 1도 살고, 2도 살고, 3도 살고

01, 02, 03 ......
이제 새롭게 시작하자.
공이 존재의 실재상이라면 공집합은 존재의 구조다. 공에서는 그릴 수 없던 그림이 공집합에서는 나타난 것이다.
공집합이 수의 근거 존재의 구조라면
공은 존재의 근거라기보다는 존재의 바탕이 되는 것이라고 할 수 있다.
바탕은 존재가 아니다. 존재를 있을 수 있게 하는 것이다.
비유하자면 광주리에 사과가 있다 없다고 하지만 광주리가 있다 없다고 말하진 않는다.
그렇다고 광주리가 사과의 본체일 수는 없다.
내가 공이라는 말에 눈을 두게 된 것은 유와 무가 아니라
이다와 아니다라고 가르는 선, 갈등의 문제였다.
우리는 보통 관습, 제도, 법, 이데올로기적인 틀 안에서 살고 있다.
물론 국가, 민족, 종교적인 신념 등도 있다.
시시비비가 보는 입장에 따라 다 다르다.
그런 시와 비를 판단하는 것이 논리인데
논리는 출발점으로서 전제나 지향점에 대해서는 관여하지 않는다.
논리는 논리라는 잣대는 바르지만 눈먼 봉사다.

이다, 아니다만 가리는 형식논리학의 맹점이다. 숨통을 트이게 하는 것이 변증법적인 논리다.

헤겔은 물론 불교의 논리학에서는 사구백비四句百非라고 한다.

이다, 아니다를 가르는 선보다는 이것과 저것의 관지에 눈을 두게 되고

관계적 입장에서 세계를 해석하기 시작한다.

토인비의 역사의 연구, 프롬의 사회 심리학, 에드워드 윌슨의 사회 생물학까지

연기를 이것과 저것의 관계로 해석한다면 이것과 저것이 문제가 될 수도 있다.

관계의 관계로 무시무종 끝없이 이어질 수밖에 없다.

현상계를 설명하는 논리다. 존재론이라고 하기에는 뭐하다. 불교에는 존재론이 없다.

찰라생, 찰라멸 정도일까.

존재론적인 정지점이 필요했던 것 같다.

공, 공집합으로 이어지는, 정지점이 없으면 계산이 불가능하다.

또 하나 다른 이야기,

세계를 보는 눈 해석하는 것과 자신의 갈등 문제를 해결하는 것은 다른 것 같다.

아무리 세계를 쳐다봐도 자신의 욕망, 괴로움을 벗어날 길이 없다.

불교에서는 생사의 문제를 해결하는 것을 일대사라고 한다.
그런데 나의 문제는 이상과 현실의 갈등이었다.
이상과 현실의 차이 간격이다. 당연히 이래야 한다고 생각하는데,
현실은 그렇지 못하다는 것이다. 세상을 바꾸고 혁명을 해야 하는데.
국립도서관에서 처음 본 것이 공산주의, 사회주의의 이념 서적들이다.
당연히 금서목록들인데 비판서를 통해 유추했을 뿐이다.
세계를 바꾸는 혁명은 불가능 아니면 아닌 것 같다는 생각에서 였을까.
그래도 괴롭다. 세계를 바꾸는 것이 불가능하다면 나 자신만이라도 이 세계에서 벗어나고 싶다.
노자, 장자의 도가에 기웃거린다. 신선이나 될까. 신선이 되어 하늘을 날아도 언젠가는 땅에 떨어질 것 같다.
세계가 틀린 것만큼이나 나 자신도 엉망진창이다. 욕망 따로 생각 따로.
그래도 세계는 돌아간다. 어떻게 해야 할까?
이것을 이것이다라고 개념화하여 지칭하면 이것 아닌 것은 배제된다.
절대 실체가 아니라 상대 관계로서 세계를 바라본다면 조금

은 편해질까.

노장의 제물론, 불교의 불이의 논리, 베다의 범아일여 사상을 정리하기 시작한다.

학자나 될까? 그런데 학문에 필요한 기본적인 소양을 전혀 갖추지 못한 것 같다.

출가나 할까? 탈출로가 될까? 그러나 지금까지 꾸어온 꿈들을 접는 일은 쉬운 것이 아니었다.

절집에 와서 처음 느낀 것은 이 동네도 역시 사람 사는 동네구나 하는 것이었다.

아무튼 이리저리 떠돌다가 10여 년을 지났다.

어쩌다가 나를 사막 한가운데 두게 되었다. 길도 없고 집도 없고 나무도 없다.

동서남북도 없다. 아무것도 없다.

이것이 공일까.

아마도 얽히고 설킨 관념들 의미의 제거가 아닌가 한다.

시시비비가 있을 리 없다. 나의 속을 부글거리게 하던 문제 자체가 해소된 것 같다.

아! 이제야 나를 아무데나 세워도 세울 수 있겠구나! 선원을 나오게 된다.

0에서 시작하자.

새로운 시작이다.

인간이라는 종은 허약한 동물군에 속한다. 사람 노릇을 하는 데 최소한 20여 년은 걸린다.

동물치고는 이상한 동물이다. 본능의 체계대로만 살면 아무 문제가 발생하지 않는다.

그런데 인간의 생존에 더 많은 영향을 미치는 것은 관념의 체계다.

더 이상한 것은 관념적인 체계가 잘 작동하지 않을 때 본능의 체계로 돌아가려 한다는 것이다. 이러한 경향을 도피의 메커니즘이라고 한다.

생물학적인 유전자는 복제의 기능을 가지고 종을 유지시킨다.

유전자의 기능이 가지는 종의 유지를 위한 필연의 결과도 중요하지만

변종이 가지는 우연적인 결과에 대해서도 눈여겨봐야 한다.

유전자 간에 끊임없이 분리 결합이 이루어지고 오류도 발생한다. 살아남는다면……

이러한 변종이 진화의 원인이 된다.

환경이 변화하면 유전자형의 발현도 달라진다. 무엇이 어떻게 변할지는 아무도 모른다.

인간은 사회적 동물이다. 집단을 벗어나서는 생존이 거의 불가능하다.

인간의 욕망은 재財, 색色, 신身, 명命, 수壽로 분류하기도 한다.

욕망의 선도 있고 삼강과 오륜이라는 규범의 선도 있다.
욕망과 규범 둘서만 있는 것은 아니다.
운도 있고 복도 있고 덕도 있다.
운은 계산되지 않은 것이고 복은 인과의 논리와는 다르다.
덕은 시비의 분별이 아니다.
중생은 업생이고 보살은 원생이라고 한다.
업은 행위의 결과이고 원은 자신을 위한 것이 아니라 타를 위한 어떤 것이다.
위하여라는 말을 쓸 때는 조심해야 한다.
자칫하면 작위가 개입하기 쉽다. 위爲는 좋은 일이기는 하나 반드시 옳은 것은 아니다.
사회라는 집단의 질서를 유지하기 위해서는 관습, 제도, 이념 등과 같은 것이 있어야 한다.
이러한 것들이 가지는 가치나 의미는 초월적인 어떤 것에 근거를 두고 의미부여를 한다.
천명일까 아니면 본성일까 아니면 도일까.
우리들에게 삶의 의미를 부여해주던 근거들이다.
자연과의 합일, 안온한 신들의 품속, 이데올로기적인 이념들이 사라졌다.
아니 사라진 것이 아니라 영향력을 행사하지 못하고 아련한 꿈들로 남아 있을 뿐이다.

관념의 유전자도 진화한다.

과학이 왕국의 왕으로 등극한다. 과학은 자연을 정복하였고 관념들의 세계를 추방하였다.

신화의 세계에서는 신적인 어떤 것에 의해서 사물이 배열되었는데

관념의 세계에서는 관념적인 체계에 따라 의미가 부여된다.

과학의 세계에서는 사물의 체계에 따라 모든 것이 평가된다.

관념의 체계에서 사물의 체계로 전환된 것일까.

과학적 기술의 영향력이 확대되어가고 있다. 사물이나 과학은 가치중립이다.

기술에는 가능, 불가능뿐이다. 그러나 과학의 소산 기술은 화폐에 봉사할 뿐이다.

자본주의는 이념이 아니다. 선과 악이라는 기준선 궁극적 지향점이 없다는 것이다.

과학의 윤리라는 것에다 과학의 위치를 부여해주는 일이다.

기술 문명은 인간의 생존 자체를 위협할 정도로 막강한 힘을 가지고 있다.

자연환경의 파괴뿐 아니라 마음만 먹으면 무엇이라도 할 수 있다.

이것보다 중요한 것은 사물의 체계와 의미의 체계와의 분리가 아닌가 한다.

이러한 분리가 인간의 영혼을 병들게 하는 것 같다. 분리될 수 없는 것을 분리시킴으로써.

인간은 자동인형일까. 물리나 생물학적인 입장이라면 그렇다고 말할 수 있다.

그렇다면 삶의 의미 따위는 개입할 여지가 없다.

인간은 기계치고는 불완전하다. 어슬프다. 빈구석이 있다.

그 빈구석 공백을 채워가는 것이 우리가 해야 하는 일이 아닐까 한다.

그래서 대각선, 소실점이라는 두 개의 점을 설정한 것이다.

대각선은 역의 논리다. 사물과 수가 만나지 않는 선이다. 사물과 수가 나뉘기 전 미분의 점을 출발점으로 삼은 것이다.

소실점은 작도의 기준이 되는 점이다. 모든 것이 사라지는 점이기도 하지만 모든 것을 위치 지우는 점이라는 의미에서 지향점으로 설정한 것이다.

출발점과 지향점은 설정했지만 가는 길 방법은 주어진 조건들에 따라 달라질 것 같다.

그래서 언급하지 않았다.

끝으로 존재의 빈구석 공적인 것들에 대한 이야기는 많다

집도 절도 없는 내가 떠도는 것에 지쳐 어딘가에 안주하기를 바라는 걸까.

이야기를 들을 생각을 안 한다.

신은 죽었다에서부터 형이상학적인 하나는 없다에 이르기까지
　아무리 완벽한 체계라도 결정되지 않는 부분이 있다. 불완전성의 논리다.
　집합론에서는 전체의 전체는 없다고 선언한다.
　반입자가 입자가 될지 말지는 관찰자의 개입이 영향을 미칠까.
　시인이 무언의 카오스 속에서 말의 실타래를 뽑아내듯이
　존재의 빈구석 공백은 저주가 아니라 축복일 수도 있다. 백지에 그림을 그리듯
　공적인 것들과의 만남이라면 한 번쯤 살아볼 만도 할 것 같다.
　01, 02, 03……

무와의 조우

색과 색이 만나면 부딪침이 있다.
색에서 공을 보면 향상의 길이 열린다.
공에서 색을 보면 색이 색이 된다.
공과 공이 만나면 세계가 현현한다.

무적인 것과의 만남이라, 말이나 되는지 모르겠다.
무와 유는 존재론적인 최소 단위다.
있다와 없다라는 말은 무슨 의미일까?
있는 것은 있고 없는 것은 없다.
너무 간단한데 괜히 복잡하게 만드는 것이 아닐까?
있다 없다는 사실판단이다.
무엇이 있다 없다라는 술어이다.
그러나 유와 무라는 명사가 되면 많은 술어가 따를 수밖에 없다.
인간은 유적인 영역에서 삶을 영위하고 있다.
유적인 일상의 삶에 무적인 어떤 것이 나타나면 혼란스러워진다.
주역의 괘들 가운데 마지막 괘는 미제괘다.
정해지지 않은 수다.
그래서 무의 개입을 제한했는지도 모른다.
무의 효용성을 처음으로 강조한 것은 노자가 아닌가 한다.

항아리의 빈 공간, 집을 짓고 벽을 쌓는 것은 빈 공간을 사용하기 위한 것이다.
유가 있으려면 무부터 만들어야 하는 것이다.
무엇이 있으려면 있을 공간이 있어야 한다.
서양의 철학에서도 처음에는 무를 사유하기도 했다.
그러난 무적인 것을 제한하고 유적인 것을 강화하는 쪽으로 방향이 잡혔다.
무는 없고 유는 있다.
그래서 0이라는 개념을 받아들이기가 그렇게 힘들었는지도 모른다.
0은 없는 것을 표시하는 기호다.
없는 것이 있다라는 것이다.
근세에 칸토어는 0의 집합, 공집합이라는 개념을 만들어내고 수에서 무한을 사유의 영역으로 끌어들였다.
범어에는 무라는 말이 없다고 한다.
접두어 a를 붙여 부정어를 만든다.
이것은 지칭하는 그것이 아니라 다른 것일까?
그 다른 것에 무도 포함될까?
한역에서는 무와 비非를 혼용하여 사용하고 있다.
무와 비는 판단하는 선이 다르다.
무는 있다와 없다라는 존재판단이라면 비는 이다 아니다라는 가치판단이다.

무와 유의 사이에 불不과 비非가 있다면 구와 비 사이에 공空을 위치시켜야 할까?

공은 유도 아니고 무도 아니다.

공은 무의 영역에 접하기도 하고 유의 영역에 접하기도 한다.

공은 비었다, 없다라는 말이다.

공을 무의 영역에 두고 무의 개념을 극단까지 밀고 가면 절대무에 도달할까?

절대무를 상정한다면 색으로 돌아올 길이 없다.

절대를 포기할까? 개념상으로는 쉽지 않은 일이다.

칼루파하나는 공이 무적인 것의 영역에 진입함으로써 초월에 이르는 문을 열었다고 비판하고 있다.

그래서 악무한과 진무한을 구분했듯이 진공과 악취공을 나누어야 했을까?

이러한 구분브다는 무에서 절대라는 개념을 삭제하는 것이 나을 것 같다.

절대무는 없다.

설사 절대무가 있더라도 문제 삼을 필요는 없을 것 같다.

절대라면 다른 것들과의 관계가 있을 수 없다.

극은 있어도 극의 극은 없다.

허공에 점이 찍히기 전에는 동서남북이 정해지지 않는다.

있다와 없다라는 말은 무슨 의미일까?
있다는 것은 감각의 기관이나 생각의 선들에 걸리는 것을 있다라고 한다.
있는 것과 있는 것의 만남, 있는 것과 없는 것의 만남일 수도 있고,
없는 것과 없는 것의 만남일 수도 있다.
점이 찍히자 상하와 좌우, 동서남북이 위치를 잡는다.

하늘에서 별 하나가 떨어졌다.
왜 떨어졌지?
하늘에 죄를 지었나
산천의 정기를 받고 태어났나 아니면 조상의 음덕일까?
하나님의 사명을 받고 태어났나?
아무튼 이 세계에 주어졌다.
내가 태어나고 싶어서 태어난 것은 아닌 것 같다.
그런데 자라면서 가만두지를 않는다.
자기들 마음대로 이래라 저래라 자르고 붙이고 기형을 만들어놓는다.
불교에서는 업의 소산이라고 한다.
어떻게 움직이지?
그런데 걸거치는 것들이 왜 이리 많아

타고난 업대로 살아
그러면 문제가 해결될까?
힘들기는 마찬가지다.
운명에 맡겨
아마도 과거에 대한 인을 찾는 것은 미래에 대한 불안 때문인 것 같다.
왜 태어났지? 이렇게 힘든 세계에……
중생은 육도를 윤회한다고 한다.
어쩌다 인간 몸을 받았나?
그러나 인간의 몸을 받는 것은 맹구우독만큼이나 어렵다고 한다.
부처님은 윤회의 고리를 끊으라고 했다.
윤회를 끊을 수 있는 기회를 준 건가?
지옥은 너무 힘들어서 공부를 할 수 있는 여건이 안 된다.
천상은 너무 편해서 공부할 마음을 내지 않는다.
인간으로 태어난 것은 인간의 몸을 벗고 해탈할 수 있는 좋은 기회라는 것이다.
나는 하나의 점이다.
가로의 선과 세로의 선이 만나는 점이다.
이 점은 가로의 선과도 다르고 세로의 선과도 다르다.
둘 다 점을 구속하기는 마찬가지다.

원의 중심에 두면 자유로워질까?
원의 중심은 정지점이다.
반지름을 순환시키면 원이라는 형이 된다.
대상을 가리켜 이것이다라고 말한다. 말과 대상이 일치하기를 바라면서.
그러나 말과 대상은 항상 어긋난다.
대상 자체가 이중화되어 있기 때문이다.
이것은 형을 지칭하고 이다는 의미 내용을 말한다.
신이 형상을 만들고 의미 부여는 인간이 한다고 한다.
칸토어는 집합이라는 개념이 모든 개념을 포괄할 수 있다고 한다.
그러나 집합에서 부분집합이 전체집합을 초과한다는 이상한 결과에 도달한다.
부분이 전체보다 크다.
집합은 집합과 요소로 구성되어 있다.
집합은 요소가 아니다.
집합이 요소들에 포함될 때 모순을 낳는다.
나는 하나의 요소다. 그러나 전체이기도 하다.
요소들 사이에는 부딪침이 있다. 이 작용으로 틀이 유지된다.
틀은 이 작용들을 위치 지우기도 한다.
틀은 어떻게 이루어질까?

자연 상태에서는 물들의 성질에 따라 형이 이루어진다.
사회적으로는 이미 그어진 선들이 있다.
주어진 틀에 따라 형이 만들어진다.
또 하나 운동 순환이 형을 이룬다.
쥐불놀이할 때의 화륜처럼 순환운동이 형을 이룬다.
이러한 틀들은 우리를 한계 지운다.
천의 인간에게는 천의 세계가 있다고 한다.
인간의 생각은 그은 선들로 만들어진 형이다.
우리는 그 속에서 살아가고 있다.
생물학에서 관심을 두는 문제 중의 하나가 생명의 기원이다.
무기물에서 유기물로, 유기물에서 생명으로 전환되는 과정이다.
막의 작용도 그중의 하나다.
막은 안과 밖을 가르는 경계다.
막으로 쌓여야 하나의 개체가 된다.
그러나 이 막은 완전히 폐쇄된 벽이 아니다.
안과 밖을 소통하는 구멍이 있다.
필요한 것은 받아들이고 쓸데없는 것은 배출한다.
뇌도 없는 것이 어떻게 조절하는 걸까?
이보다 더 중요한 것은 벽에도 구멍이 있다는 사실이다.

내가 있다.
또 다른 나, 너도 있고, 우리들도 있다.
너와 내가 관계하는 장으로서의 세계다.
중생은 계에 머문다고 한다. 불교에서 삼계로 구별한다.
욕계, 색계, 무색계다.
탐, 진, 치로 나누어진 세계다.
탐, 진, 치들에 대한 대치법이 계戒, 정定, 혜慧의 삼학이다.
욕은 안에서 발생하고 색은 밖에서 오는 작용들이다.
욕계에서는 자아중심적인 구심력이 작용하고, 색계에서는 세계중심의 원심력이 작용한다.
두 힘들의 균형이 우리를 유지하고, 그 긴장 관계에서 모든 갈등들의 요소가 발생하는 것 같다.
계에 따라서 판단의 기준들이 달라진다.
욕계에서는 만족과 불만족, 좋아하는 것과 싫어하는 것에 따라 움직인다.
색계는 시와 비, 옳은 것과 그른 것에 따라 분리한다.
무색계는 있다 없다라는 존재의 사실판단이다.
욕계는 미, 추를 문제 삼고 색계는 선, 악을 문제 삼는다.
계는 금지의 항목들이다. 그러나 금지의 근거는 여러 가지다.
유신의 경우는 신의 명령이다. 절대적이다.
서양의 윤리학자들이 이상하게 여기는 것이 있다.

유교의 실천 덕목들이다.

신의 명령도 듣지 않는데 인간이 만든 실천덕목들이 어떻게 다른 사람들을 강요하고 질서를 유지할 수 있느냐는 것이다.

유교의 가르침은 인간의 성性을 기반으로 하고 천리千里를 추구한다.

불교는 행위의 결과들을 보고 사후에 정해진 금지 조항들이다.

그런 행위를 하면 다음에 나쁜 결과를 초래하니 그런 행위를 하지 말아야 한다는 것이다.

이러한 근거들이 얼마만큼이나 확실성을 보장할 수 있을까?

색계의 대상들은 대상 자체는 가치중립이다.

다른 어떤 것들로부터 의미를 부여받는다.

부여된 의미들이 우리를 움직인다.

시비와 선악의 판단들이다.

외부의 작용에 흔들리지 않는 것이 정定이다.

욕망의 절제, 선의 추구가 하나의 선으로 연결되어야 한다.

그 선이 어긋날 때 인간은 병들게 된다.

인간이 갓 태어나서는 할 수 있는 것이 아무것도 없다.

몸부림치는 일, 우는 일밖에는

울기만 하면 누군가가 울음을 그치게 해주어야 한다.

자라면서 울어도 안 되는 것이 있다는 것을 알게 된다.

안 돼라는 금지의 명령이다.

왜 안 되는지 이유는 모르지만
결정을 해야 한다.
안 돼라는 명령을 따르든지 아니면 하고 싶은 것을 고집하든지
두 가지 다가 마음에 안 들기는 마찬가지다.
안 돼라는 것은 상상으로라도 채워야 한다.
욕계에는 금지만 있는 것이 아니다.
즐거움도 있고, 아름다움도 있다. 즐거움에는 절제가 따른다.
쾌락주의자는 쾌락을 추구하는 데 지쳐 마지막에는 금욕주의자가 된다고 한다.
아름다움의 추구에는 끝이 없다.
아름다움은 선함보다 멀리 간다고 한다. 라캉의 말이다.
색계는 밖에서 끌어당기는 힘이 작용한다.
대상이 되는 사물일 수도 있고 우리들에게 의미를 주는 상징적인 어떤 것일 수도 있다.
색계의 대상들에 흔들리지 않고 마음의 평안을 유지하는 것이 정이다.
집중, 몰입이다.
우리를 움직이는 것들은 많다. 의미 있는 것, 해야 할 것 등.
우리를 강제하는 것들이다.
대상이 되는 사물 외에도 신화나 관습, 상징적인 어떤 것들, 이념이나 사상, 제도나 법 등 넘어야 할 산들이고 뚫어야 할 벽

들이다
　시비는 분별이다.
　잘린 반쪽이 언젠가는 보복을 한다.
　아닌 것도 계산에 넣어야 한다.
　상징적인 것들에 구멍이 뚫렸다. 혼란스럽다.
　있다는 것들의 한계일까?
　색계의 한계는 명색名色과 식識의 연결고리다.
　서로가 원인이 되어 맴돈다. 연결고리를 끊는 방법은 무색계로의 진입이다.
　무색계는 있다, 없다 하는 사실판단이다.
　무색계로의 진입에는 색계의 집중보다는 존재를 보는 지혜가 필요할 것 같다.
　무색계에는 공무변처空無邊處, 식무변처識無邊處, 무소유처無所有處, 비비상처非非想處의 네 가지가 있다.
　무색계는 색들이 아닌 것들의 영역이다.
　공간, 시간, 운동, 유와 무 등 존재 자체를 문제 삼는다.
　공간은 색들이 놓이는 장소다.
　색들이 놓이면 장소는 한계가 지워진다.
　무한한 공간에 선이 그어진다.
　대상으로서 색들이 없어지면 식이 작용할 수가 없다.
　주관적인 것과 객관적인 것의 만남이 작동하지 않는다면 아무엇도 생성될 수가 없다.
 우리가 있다고 할 만한 것이 아무것도 없게 된다.
 있다라는 것은 수나 상들이 모여서 덩어리 지워지는 것이다.
 없다라는 것은 수나 상들이 흩어져 소멸되면 없다고 한다.
 상과 수가 사라지는 것을 상想, 수受, 멸滅, 정定이라 한다.
 문제는 공과 색의 관계 설정이다.
 있다와 없다는 모순관계다. 그러나 항상 붙어 다닌다.
 모였다 흩어진다.
 움직임을 빼먹은 것일까?
 있다와 없다를 하나의 선으로 이을 수 있을까?
 일반적으로 이해하기에 연기 즉 공이라고 한다.
 연기는 만들어진 것은 반드시 소멸한다는 것이다.
 결과로 있는 것은 영원한 실체가 아니다.
 그리고 변하지 않는 성性은 없다.
 있다는 것은 가상이다.
 공은 색이 아닌 것들이다. 공은 가상이 아닌 진상일까?
 상이 가와 진으로 분화되었다.
 분화에는 이다, 아니다라는 판단 개념화 작업이 따른다.
 개념화에 절대나 모든이라는 전제를 포함하면 모순에 봉착한다고 한다.
 집합에서 이야기하는 몇 가지의 조건들.

집합은 집합이라는 형形과 요소들로 이루어진다.

요소들에는 0이 포함되어 있다.

부분집합들이 전체집합을 초월한다. 전체집합은 전체가 아니다.

집합과 요소는 다르다.

집합과 요소들의 구분은 언어의 주어와 술어, 사물들의 형과 내용의 구성과 비교된다.

이것은 이것이라고 말할 때 처음의 이것은 형을 지칭하고 뒤의 이것이다는 내용을 가리킨다.

형과 내용은 다르다.

형이 내용에 포함되거나 내용이 형의 역할을 하게 되면 문제가 발생한다.

형상과 내용으로 세계를 이해하는 기본적인 틀이 될 수 있을 것 같다.

요소들의 집합에는 0이라는 비결정적인 것이 포함되어 있다.

역의 마지막 괘는 미제괘다. 프로이트는 인간의 무의식을 분석하면서

접근할 수 없는 빈구석이 있다고 한다.

형은 부분집합이 전체라는 틀을 초과한다.

전체가 전체일 수 없다는 것이다.

계산을 할 때 비전체나 비결정이라는 공적인 부분을 포함시

켜야 할 것 같다.

전체라는 틀에는 구멍이 있다.

아무리 완벽한 틀이라도 그 완전성을 그 자체로서는 증명할 수 없다.

또 그 체계의 명제와는 다른 명제가 반드시 나타난다는 것이다.

괴델의 불완전성 정리다.

의미 내용으로서 요소도 불완전하고 전체로서 형도 불완전하다.

형과 내용의 일치나 합일에의 꿈은 불가능한 꿈일 것 같다.

형이 되어라.

형이 이루어지지 않으면 형을 벗어날 수가 없다.

형의 선은 유와도 접하여 있고, 무와도 접하여 있다.

색이 소멸하면 형이 남을까?

색이 없으면 형도 없다.

색들이 무겁게 덩어리지면 형을 이루기 어렵다.

색들을 조각내고 가볍게 하면 자연히 형이 이루어질 것 같다.

형의 요소로 있을 때에는 걸리는 것이 많아 형의 선이 보이지 않는다.

형을 보려면 형의 밖에 나를 위치시켜야 할까?

무한에서 본다면 유한의 선이 보일까?

무한에 이를 수 있는 선이 대각선이라면 닿는 점은 소실점이다.

형을 이룬 건가?
형의 선에 머물러? 그것도 좋다.
색들에서 발생되는 문제들에는 걸리지 않는다.
형의 움직임에 몸을 싣기만 하면 된다.
틀의 선에서 본다면 전체가 보인다.
색으로 돌아가?
형에 대한 경험으로 색들의 세계를 재구성할 수 있을 것 같다.
무에서 길어 온 말들, 무의 빛에 비춰진 색들은 새로운 의미를 가질 것이다.
문제는 뚫린 구멍을 통해 무한으로 탈출하는 경우다.
이 세계를 벗어나는 것이다. 드디어 벗어났다.
초탈에의 꿈이 이루어진 것이다. 가짜 공인가?
이 세계로 돌아가는 길을 잃어버렸다.
우리가 가지도 못하고 오지도 못하는 망설이는 지점이다.
논리적 결론으로서는 유의 세계를 벗어나 무의 세계로 진입하는 것은 너무나 당연하다.
그러나 무를 감당하기에는 역부족인 걸까?
진짜 공과 가짜 공을 나누어야 하는 걸까?
나누어도 문제를 푸는 데 별반 도움이 안 된다.
유와 무를 가르는 경계선이 있는 한 무는 항상 저쪽에 있다.
다가가면 다가갈수록 멀어진다.

그 선을 제거해야 한다. 형을 깨야 한다.
여기에 공집합이라는 개념이 도움이 된다.
공집합에서는 집합을 이루는 요소도 공이고 집합도 공이다.
무한에서는 0과 1이 일대일 대응이 된다고 한다.
일대일 대응은 동치다. 같은 값이다.
형이 이루어진 건가?
공이 된 걸까?
인연따라 흘러가는 걸까?
색을 만나면 색이 되고 공을 만나면 공의 집합이 된다.

x와 y축의 좌표계는 시간과 공간상에 나의 위치를 표시할 수 있는 좋은 수단이다.
데카르트의 아이디어라고 한다.
나는 원의 중심이다.
나라는 점이 찍혀야 동서남북이 자리를 잡는다.
그런데 그림들이 이동을 한다.
있는 나도 있고 이상화한 나도 있다.
이상화된 내가 말하고 행동한다.
다른 사람이 보는 나도 있다.

위치를 추적하려면 지도가 있어야 한다.

길을 잃지 않으려면 나의 지도를 그려야 한다.
삼계는 인간을 탐, 진, 치를 축으로 그려진 세계다.
중국은 천, 지, 인의 삼재로 세계를 나눈다.
하늘의 정과 듥의 기를 받아 인간이 탄생된다.
하늘의 명을 받아 인간의 도리를 행하는 것이 유가의 이상이다.
자연의 질서에 순응하여 기를 기르고 생명을 보전하는 것이 도가의 꿈이다.
본이 되는 것은 하늘과 땅이었다.
인간은 가장 나약하고 불완전한 존재이다.
부침은 있지만 유, 불, 선 삼가의 통함을 꿈꾸고 음과 양의 순환을 사고의 기반으로 하고 있는 것 같다.
서양의 경우에는 신과 자연 인간이라는 존재를 궁극적인 실체의 위치에 두고 있다.
동과 서의 개념 구조가 너무 달라 한자리에 두고 이야기하기에는 무리가 많다.
그러나 궁극적인 것들의 위치나 영역 관계 등을 조금은 느긋한 입장에서 생각해보는 것이 좋을 것 같다
서양적인 신의 개념들, 유일성, 창조자, 인격성 같은 것은 우리들에게는 거의 없는 것 같다.
그러나 신적인 영역은 있다.
동양에서의 자연은 질서나 조화의 전형이다.

서양의 과학적 사고에서는 물의 성질 정도로 축소된다.
지금은 과학이 왕의 자리를 차지하고 있다.
하나의 개념이 강조된다고 해서 다른 개념들이 사라지는 것은 아니다.
함께 작동하면서 이차 개념으로 남는다.
인간은 가장 부족하고 불완전한 존재다.
그 부족분을 신의 완전성이나 자연의 법에 따라 메꾸어야 한다.
신적인 어떤 것이나 자연의 흐름을 본으로 만들어진 것이 상징들의 체계다.
상징은 우리가 지향하는 점이고 우리를 이끄는 힘의 원천이다.
상징들에 구멍이 뚫렸다.
우리들에게 확실성을 보증했던.
신의 완전성이나 자연의 질서에 의심의 눈길을 보낼 수밖에 없다.
신은 죽었다. 신이 할 일은 끝났다.
신은 신이고 인간은 인간이다.
신이 있다면 세상을 이렇게 두지는 않았을 것이다.
자연은 정복의 대상이다. 필요한 것은 자연의 질서가 아니라 물의 성이다.
무질서하게 흩어져 있는 자연에 질서를 부여한 것은 수다.
자연을 셈할 수 있게 된 것이다.

1, 2, 3 …… 일렬로 배열할 수 있게 되었다.
수학은 가장 확실성을 보증할 수 있는 학문이었다.
정수는 신이 만들었다고 한다.
그러나 수학에 무한이 도입되면서 흔들리기 시작한다.
신은 말씀이다. 언어가 정화되면 세계가 정화될 것이라고 기대했다.
아무리 완벽한 언어의 형식을 만들어도 도순은 남는다.
형과 내용의 론계다.
모순을 넘어서는 길은 믿음밖에 없다.
확실성을 보증하고 지향점이 되었던 신이나 자연이라는 대상들이 흔들리고 있다.
우리는 이중의 부담을 안게 된다.
인간은 더 불완전한 존재다.
인간이라는 존재는 유한하고 인식 능력에도 한계가 있다.
물자체에 접근할 수 없다.
존재는 완전한데 인간의 인식 능력에 한계가 있다.
이론 이성의 한계를 실천 이성의 행위나 운동으로 보충해야 하는 걸까?
인간은 인간이라는 탈을 벗어날 수 없는 걸까?
존재의 탈, 존재의 탈 자체가 불완전하다면 탈출로가 될 수 있을까?

전체의 전체는 없다.
반완비된 존재라고 한다.
무한으로 가는 길이 열린 건가?
무한에는 무한 판단이 있다.
판단의 선線은 공이 있고 무상이 있고 무원이 있다.
그 선을 따라 그린 그림이라면 그려볼 만할 것 같다.
게임에서는 승패에 따르는 상금이 있다.
그러나 놀이에서는 상금은 없으나 재미는 있다.
그려지는 것만큼이나 나의 세계 나의 삶이 될 것 같다.

II

유토피아 꿈꾸기

사람은 누구나 유토피아를 꿈꾸곤 한다. 완전한 세계, 이상 사회, 행복한 생활 등 낙원에 얽힌 꿈을 가지고 있다는 것이다.

개인의 이런 굳이나 이상이 민중과 사회 속에 널리 퍼지고 사회 사상으로 떠오를 때 유토피아를 말하는 목소리도 높아진다.

유토피아를 꿈꾸고 이상 사회를 그리는 것은 때와 곳을 떠나 흔히 있는 일이다. 원시 사회를 봐도 신화 전설 속에 나오는 중국의 무릉도원, 그리스의 헤스페리데스 동산, 로마의 엘리시온, 이스라엘의 에덴동산, 인도나 메소포타미아의 천국이나 낙원 같은 유토피아가 있다.

우리에게도 외적의 침략을 피할 수 있고 전쟁의 재화가 미치지 않는 곳이라는 청학동靑鶴洞, 배고픔에서 벗어날 수 있는 곳이라는 식장산食藏山, 제주도 해녀들이 낙원으로 여기는 이어도 등 여러 유토피아가 이야기로 전해온다.

유토피아에 얽힌 꿈은 기존 질서가 동요하거나 낡은 체제의 모순이 깊어진 혼란기에 하나의 사회 사상으로 떠오르기 일쑤다.

플라톤의 『국가론』은 그리스에서 내란, 경제 혼란, 폴리스 사이의 대립, 사회 계층 사이의 갈등이 이어지던 혼란기에 새로운 사회 질서를 그리며 철인정치의 이상을 표력한 것이다.

르네상스 시대의 유토피아 사상은 중세 봉건 체제의 붕괴, 문예 부흥, 종교 개혁으로 말미암은 변동기에 모어T. More의 『유토피아』, 캄파넬라T. Campanella의 『태양의 나라』, 베이컨

F. Bacon의 『뉴 아틀란티스』 등으로 나타난다.

근대는 산업 혁명에 따른 사회 구조의 변동과 함께 자본주의의 모순이 낳은 병폐를 없애기 위한 것이라는 마르크스K. Marx의 공산주의 사상이 나온다.

생시몽Saint-Simon, 오웬R. Owen, 푸리에C. Fourier 같은 이들의 사회주의 이상 사회를 세우자는 주장도 정치 이데올로기와 결합하여 나오게 된다.

유토피아를 사유하다 보면 현실 사회에서 실현되지 않은, 현실을 넘어서는 어떤 것에 따라 사고와 행동 방향을 설정하게 된다.

그러므로 유토피아를 추구하는 운동은 현실 존재와 사회를 파괴하거나 변형하려는 행동 체계로 나타날 때가 많다.

유토피아 사상은 그 사유의 근거가 되는 초월적인 어떤 것의 성격에 따라 크게 몇 가지로 나눌 수 있다.

신神과 관련된 것에 근거를 둔 유토피아는 초월적이고 절대적이라는 뜻에서 유토피아의 원형에 가깝다고 할 수 있다.

이런 태도는 초월적이고 종교적인 요인에 따라 인간 역사의 방향을 설정하는 것으로, 신의 약속이나 종교 경험에 바탕을 둔 세계상을 세우곤 한다. 뮌처T. Münzer의 농민 혁명 같은 것은 '천년 왕국설千年王國說'에 사회 혁명 사상이 결합되어 유토피아를 추구하는 혁명으로 나아간 형태다.

이럴 때 천년 왕국 약속은 현실 변혁의 거점 구실을 하게 된다.
인간의 이성이나 관념에 유토피아의 근거를 두는 경우로는 프랑스 혁명과 사회주의 운동을 들 수 있다.

기존 사회 질서의 반대 상 또는 대안으로서 이성의 힘에 따라 움직이는 합리적인 세계를 제시하고, 이념이나 관념에 의거하여 운동 방향을 잡는 것이 이 유형의 특징이다.

여기에서는 천년 왕국설 같은 이상은 정치 이데올로기에서 제외되고,

절대성은 현실과 이상 사회 사이에서 상대적인 진보 개념으로 대치되며,

초월성은 역사 속에서 한결 구체적인 양상으로 나타난다.

사회주의는 이성 개념을 극대화하고 이성에 의한 보편성을 구체성 띤 형태로 취하여, 아나키즘에 기울기 쉬운 개인주의를 지양하고 공동 이익을 앞세운 조직 사회로 나아가려는 경향을 보인다.

이른바 과학의 객관 법칙을 따라야 한다는 태도도 있다.

그 대표라고 할 만한 것이 사회과학임을 내거는 공산주의다.

그런가 하면 헉슬리A. Huxley의 소설에 나오는 미래 사회상은 자연과학의 영향 속에서 나온 것이라고 하겠다.

다만 그 이야기에서는 과학 문명의 암울한 미래상이 펼쳐지므로,

그 '멋진 신세계'는 유토피아가 아니라 오히려 디스토피아 dystopia인 셈이다.

공산주의는 사회주의의 한 가지다. 흔히 공상적 사회주의라고 하는 것이 이념이나 관념에 의거하여 이상 세계를 바라보는 데 비하여,

공산주의는 사회와 역사의 발전 법칙을 따른다는 점을 강조한다.

말하자면 공산주의는 과학적 사회주의를 표방한다.

그러나 사회과학의 법칙이 엄밀한 의미에서 자연과학의 인과 법칙과 같을 수 있는지 하는 것은 논란의 여지가 많다.

사회과학의 법칙은 자연과학의 법칙과 비교할 때 아무래도 개연성을 띠기 때문이다. 사회과학의 대상은 끊임없이 생성 변화하며, 상호 관계와 조건 또한 일정하지 않다.

그리고 관찰자가 객관적으로 있는 것이 아니라 상황과 조건에 참여함으로써 발생하는 주관성, 곧 참여 인식이 따른다는 문제도 불거진다.

그런데도 공산주의가 굳이 과학을 내세우는 것은 현실 세계를 유물론의 관점으로 파악하는 것과 관련이 깊다.

유물론은 한 마디로 말하여 물질결정론이라고 할 수 있다.

유물론의 관점에 서면 인간의 의식 또한 물질의 반영이며, 따라서 물질에 의하여 규정된다.

이와 같은 맥락에서 "의식이 존재를 규정하는 것이 아니라, 존재가 의식을 규정한다"는 말이 나오게 된다.
이런 물질과 그 운동의 법칙을 역사와 사회에 적용했다는 것이 마르크스의 역사적 유물론 곧 유물사관이다.
역사 발전의 원동력은 관념이 아니라 물질에 있다는 것이 유물사관의 핵심 내용이다.
유물사관에 따르면, 사회의 물질 생산력이 일정한 단계에 이르면
기존의 생산 관계와 모순을 일으키게 되고, 그 모순을 풀기 위한 변혁이 일어난다.
다시 말하여, 신의 의지나 인간의 주관이 역사의 발전 방향을 선택하는 것이 아니라, 유동하는 현실 상황에 따라 다음 단계가 결정된다는 것이다.
흔히 공산주의를 비롯한 사회주의 계열 운동가들이 계급혁명의 필연성을 들고 나오는 것은 여기에서 비롯한다.
한편, 자연과학의 법칙이나 기술에 의한 이상 세계의 건립은 유사 이래 아직 시도된 적이 없다. 그러나 생리학과 심리학, 컴퓨터 공학 같은 분야가 눈부시게 발달함에 따라
사회 구조의 조직화를 통한 관리사회管理社會의 건설은 가능할 것으로 보인다.
이 단계에서 상정할 수 있는 가장 유력한 미래의 유토피아

상은 오히려 이쪽이 아닐까 싶다.

유토피아 사상의 흐름을 살피면, 처음에는 역사와 사회를 초월한 곳에 있던 유토피아가 차츰 역사와 현실 사회 속에서 구체성을 띠게 된다.

천년 왕국설 같은 것에는 초월성이나 절대성이 적지 않게 스며들어 있다.

그런데 이윽고 초월성은 현실과 사회 속에서 세속화하고,

관념이나 이념은 조직과 기술에 자리를 내주게 되는 것이다.

토인비에 따르면, 유토피아 사상이 흔히 추구하는 안정된 질서와 조직이나 기술과 기능이 지배하는 사회는

발육이 정지된 문명이 가지는 한 성격이다.

다시 말하여 유토피아 사상은 퇴보 과정에 들어선 현실 문명을 어떤 수준에서 정지시키려는 경향과 맞물려 있을 때가 많다는 것이다.

플라톤의 '국가'가 발육 정지된 스파르타의 리쿠르고스 Lycurgus 체제를 본보기로 한 것이라면,

'멋진 신세계'는 산업 사회 문명이 정지된 형태로 나타난 것이라고 볼 수 있다.

인간은 사회 모순에서 생기는 갈등과 생활의 어려움을 견디기 힘들 때,

현실의 고통으로부터 벗어나기 위하여 과거의 평화롭던 어

느 시대나 장소로 자신을 도피시켜 위안을 얻으려고도 한다.

그러나 이처럼 과거를 유토피아로 그리는 태도는 시간의 불가역성 때문에 막상 큰 힘을 얻지 못한다.

과거의 어느 시대나 장소 등을 현실 속에 복원하려는 움직임은 복고주의와 닿닿아 있다.

이렇게 복고주의에 바탕을 둔 유토피아 건설은 실패할 수박에 없다. 시간은 거스를 수 없으며, 같은 시공에서 현재와 과거의 조화를 이루기가 몹시 어렵기 때문이다.

인간과 사회는 과거로 돌아갈 수도 없고, 현재를 떠날 수도 없다.

현실은 '지금 여기'의 인간이 살아가는 현장이다.

과거 사회의 제도나 유물이 복원된다고 해도 생명을 가진, 살아 숨 쉬는 것이 될 수 없을 뿐 아니라 그리 의미 있는 일도 아니다.

인간은 선악과를 따 먹은 이래 에덴동산으로 돌아갈 수가 없다.

요순 시대는 흘러간 한때일 뿐이다.

자연으로 돌아가는 것이나 자연과 더불어 소박하게 살기를 바라는 것 또한 환상일 뿐이다. 사람으로 나서 독립 개체가 되고 나면

다시는 어머니의 뱃속으로 돌아갈 수 없는 것이다.

프롬이 말하는 일차적 관계로서의 탯줄은 일단 끊어지고 나

면 다시 이어지지 않는다.

유토피아의 본디 뜻은 그리스 말로 '어디에도 없는 곳'이다.

설사 그 어디에 유토피아 비슷한 곳이 있다고 해도 정작 거기에 가서 할 수 있는 일은 거의 없을 것이다.

거기에서 할 수 있는 일이라면 여기에서도 할 수 있을 것이다.

이런 방식의 유토피아 꿈꾸기는 한낱 현실 도피일 따름이다.

실패하게 된 복고주의자는 알지 못하는 사이에 또는 어쩔 수 없이 미래로 방향을 전환할 수밖에 없다.

미래주의와 복고주의는 시간의 방향만 다를 뿐 별 차이가 없다.

미래 지향의 유토피아 또한 과거 지향의 유토피아와 마찬가지로 본질에 비추어보건대,

도달할 수 없는 목적지인 것이다.

미래주의는 고통스러운 현실에서 벗어나 과거를 복원하려는 시도가 불가능함을 깨닫고,

앞날에 희망을 건 채 현실의 고통을 견디며 미래로 탈출하려는 태도다.

이렇게 미래의 유토피아 건설을 주장하는 사람들은

현실 사회 속에서 정치 이데올로기와 결탁해 폭력을 수단으로 동원하기 일쑤다.

미래주의 유토피아 사상이 지닌 전체주의 성향은 으레 독재 체제나 닫힌 사회를 낳고 만다.

이데올로기라는 환상

이데올로기라는 말은 본디 관념 형태 또는 의식 형태를 가리킨다.

오늘에 이르러 이 말은 개념의 범위나 내용이 다양하게 쓰인다.

우리는 주로 정치 체제와 관련한 이념理念이라는 뜻으로 이 말을 쓰고 있다. 넓게는 인간과 세계에 대한 이념이라는 뜻으로도 이 말을 쓰는데,

이런 의미의 이데올로기를 세계관 또는 총체적 이데올로기라고 한다. 이럴 때의 이데올로기는 인간과 세계에 대한 통일성 있는 이해를 위한 이론 체계 곧 체계화한 관념의 논리를 말한다.

정치 체제 이념으로서의 이데올로기는 인간의 이성을 과신한 계몽주의 철학에서 싹튼다. 이런 맥락의 이데올로기를 현실 문제에 끌어들인 사람은 자본주의 사회의 구조적 모순을 파헤친 마르크스다

흔히 정치 이데올로기는 이상적인 미래 사회상을 제시하고, 사회 구성원의 나아갈 길과 행동 양식을 일깨워준다.

이런 이데올로기가 품고 있는 이상과 행위에 따른 신념은 인간과 그 사회로 하여금 때로 위대한 행동을 가능하게 한다.

그러나 여기에는 정치 이데올로기가 지닌 문제점도 함께 들어 있다.

정치 이데올로기가 지닌 이상주의 성향과 존재의 피제약성

으로 말미암은 당파적 성격은 현대 철학에서 독단적인 세계관이라는 비판을 받고 있다.

유토피아 꿈꾸기 또는 이상주의란 인간이 현실 조건보다는 현실을 초월한 어떤 것에 맞추어 생활 질서를 실현시켜 나가려는 것을 말한다.

유토피아 건설을 추구하는 과정에서 이런 이데올로기의 주창자들은

흔히 추종자들에게 신념과 용기를 불어넣기 위하여 현실성이 떨어지는 과장된 말로 그들의 목표를 강조하고 설명한다.

실제로 프랑스 혁명이나 러시아 혁명 때 권력을 잡은 세력은 실현 가능해 보이는 목표를 설정한 지롱드Gironde(온건파 공화당)나 멘셰비키Mensheviks(소수파 사회민주노동당)가 아니라,

실현 불가능해 보이는 극단적인 목표를 앞세운 자코뱅Jacobins(과격파 공화당)이나 볼셰비키Bolsheviks(다수 과격파공산당)였다. 그들은 기존의 사회 질서와 체제를 파괴하기 위하여 폭력에 호소하게 되며,

그 폭력의 행사는 새로운 문제를 낳는다.

정치 이데올로기가 지향하는 사회의 구조와 질서 또는 정치제도의 변혁으로 인간과 그 사회의 문제를 해결하려는 시도는, 역사에 비추어보건대,

정치적 이상만을 남긴 채 인간 존재를 구원하는 데에는 실패

한 것 같다.

인간 존재의 문제는 유토피아적인 사고—혼란기의 민중이 바라곤 하는 대로 혁명만 성공하면 또는 통일만 되면 모든 것이 해결되리라는—가 품고 있는 궁극의 소망이나 정치 이데올로기가 지향하는 제도의 개혁만으로 해결할 수 있을 만큼 그렇게 단순하지 않다.

세계의 문제는 제도의 문제이기에 앞서 인간의 문제다.

제도의 개혁은 제도가 바뀌는 것 자체보다, 인간의 태도가 바뀌어야 제대로 이룩할 수 있다.

인간은 사회적 조건에 제약받는 존재이고, 관계 속의 존재다.

그렇다면 제도 또한 인간의 문제다. 제도 또한 외재화한 사회적 조건은 현상 자체로 볼 때에는 필연의 법에 따라 움직인다.

인간에게도 인과로서의 업業 karma이라는 필연의 법이 적용된다.

그러나 인간은 실천 이성이나 사유의 직관 형식을 빌려 한결 자유로운 존재로 떠오르기도 한다.

인간이 존재하게 된 것은 과거의 업이라는 필연의 법으로 말미암은 바지만

인간에게는 업이라는 존재의 구속에서 벗어날 수 있는

실천 이성에 따른 의지적인 행위로서의 윤리나 사유의 직관 형식인 깨달음의 법이 있다.

제도의 개혁이라는 측면만 놓고 보면 그것은 업이라는 무의식적인 욕망의 변형에 지나지 않으며,
문제는 인간 자신에게 있는 것이다.
필연의 힘에 따라 움직이는 외재화한 제도의 개혁에 의해서가 아니라,
인간이 추구하는 자유의 법—윤리적인 행위나 깨달음에 의한—과 인간 자신의 개혁에 의해서만이 사회의 구조적 모순을 극복할 수 있다.
정치 이데올로기가 지닌 독단적 세계관은 만하임K. Mannheim이 말하는 존재 제약성과 깊은 관련이 있다. 사유는 그 사람의 사회적인 존재 양식에 의하여 제약을 받는다는 이야기다.
따라서 이데올로기는 당파성와 계급성을 벗어나지 못하며, 주관적일 수밖에 없어서 현실을 올바르게 인식하지 못하게 만들기 일쑤다.
마르크스를 비롯한 공산주의자들이 자신들이 내세우는 것은 초超이데올로기라 하고, 다른 이데올로기는 특정 계급과 집단들이 그들의 이익을 옹호하기 위하여 퍼뜨린 이념이나 세계관일 뿐이라고 비판한 것도 같은 맥락에서 파악할 수 있다.
이런 독단적 세계관에 따라 사회 건설 프로그램을 수행할 때에는 대화에 임해서도 타협이나 모색보다는 선전이나 설득 위주의 논리를 펼치게 되고,

정치적 입장에서 적 아니면 동지라는 태도를 취하게 된다.

정치 이데올로기가 사회에서 하는 기능 가운데 하나인 신화적 역할에 관해서는 긍정적인 평가와 부정적인 견해가 엇갈린다.

정치적 신화를 긍정적으로 본 소렐G. Sorel에 따르면, 인간의 내적인 감정과 관념을 외적인 사회 상황에 투사한 환상적 표상이라고 할 수 있는 신화는 사회의 힘을 일정한 목적에 집중시켜 위대한 업적을 이룰 수 있게 한다.

그러나 소렐의 이런 견해는 국가 사회주의의 길을 열어주고, 파시즘의 폭력 지배에 이바지했을 뿐이다.

카시러E. Cassirer는 『국가의 신화』를 통하여 정치에서 신화적 사고가 낳은 병폐를 통렬히 비판한다.

그에 따르면 신화적 사고 방식은 전논리적前論理的 사고다.

더욱이 정치적 신화는 저절로 발생한 무의식적인 신화가 아니라, 솜씨 있고 교활한 기술자들이 계획하여 만든 신화로,

절망적인 정세 속에서 취하는 절망적인 수단에 지나지 않는다.

이데올로기는 미래를 희망 속에서 보게 하며 현실의 어려움을 이겨내도록 하는 힘을 주기도 하나,

객관화한 제도의 우상화와 이데올로기 자체의 절대화로 말미암아 원시의 암우暗愚라고 할 수 있는 신화의 늪에 인간을 몰아넣고 만다는 것이다.

신화의 힘을 극복하려면 인간은 자기 인식의 새로운 힘을 발

견하여 적극 발전시키고, 인간의 본성을 신화의 빛 아래에서가 아니라 윤리의 빛 아래에서 보는 법을 배워야 한다고 카시러는 말한다.

신화는 인간에게 많은 것을 가르쳐주지만,
근본적이고 본질적인 문제에는 해답을 주지 못하는 까닭이다.
이데올로기의 종언을 말하는 사람들이 있다.

정치 이데올로기가 사회를 지배하는 시대는 지났다는 이야기다. 산업이 발전함에 따라 산업 사회의 특징이라고 할 수 있는 테크놀로지가 이데올로기를 대신하여 현대 사회의 생활 전반을 지배하게 되었다는 것이다.

이데올로기 주창자로서의 자유 지식인층이 쇠퇴하고 가치나 이상과는 관계없이 일정한 목표나 목적을 위하여 일하는 기술 관료층이 성장하면서

고도로 발달한 과학 기술과 대중 매개 수단을 이용하여 개인의 의식까지 조작할 수 있는 관리 사회로 나가는 것으로 보이기도 하는 정황 또한 이런 목소리에 힘을 실어준다.

그러나 이데올로기의 종언과 관련된 이런 징후를 다르게 파악하는 눈도 있다.

하버마스J. Habermas는 현대 사회의 이와 같은 양상을 이데올로기 자체의 종언이 아니라, 후기 자본주의 사회의 위기를 의미하는 자본주의 이데올로기의 실패로 본다.

탈脫이데올로기 경향은 몇 갈래로 나뉜다. 철학이 이성에 기반을 둔 것이라면,
 감각이나 정서에 기반을 둔 것으로는 반문화反文化 운동을 들 수 있다.
 현대 철학은 이데올로기 비판과 다원화한 이데올로기를 인정하면서 변증법적인 발전을 거치게 될 것이다.
 인간의 직관에 바탕을 둔 신지학神智學과 명상冥想, 선禪 같은 동양의 문화적 전통에 뿌리를 내리고 있는 종교들은 흔히 말하여 이데올로기에서 벗어나 있는 것으로 보인다.
 이렇게 직관에 바탕을 둔 방법은 이데올로기적인 내용을 가지고 있지 않다고 해서 초超이데올로기라고도 한다.
 이데올로기가 이성에 근거한 힘의 원천이라면,
 감성이나 직관에 근거한 힘의 원천도 있다. 어머니의 사랑 같은 것은 본능적이고 정적인 전前이데올로기적인 힘의 원천이고,
 선이나 명상은 직관에 바탕을 둔 초이데올로기적인 힘의 원천이다.
 프롬에 따르면 본능에 의한 관계는 일차적 관계이고, 이데올로기에 의한 관계는 이차적 관계다. 그리고 새로운 정신에 의한 관계를 삼차적 관계라고 하는데,
 이런 삼차적 관계에 의거한 상호 이해와 사랑만이 인간과 사

회의 문제를 해결할 수 있다는 것이다.

　이데올로기의 역사가 낳은 병폐와 이에 따른 쓰라린 경험들은 이데올로기 자체가 안고 있는 모순에 대한 현대 철학의 비판에 힘을 실어준다.

　이런 상황에서 현대는 전체주의적인 정치 이데올로기의 지배로부터 벗어나 다원적이고 개방적인 사회를 지향하고 있는 것이다.

초탈의 이상

초탈超脫의 이상은 삶의 고통과 죽음의 불안에서 벗어남으로써 생사의 고통이 없는 이상 세계를 추구하는 자족적 철학자들의 꿈이다.

인간이 생사의 고통에 대처하는 가장 쉬운 방법은 삶의 현장에서 나가버리는 것이다. 그래서 산이나 숲 같은 자연으로 돌아가서 한갓진 생활을 누리려 한다든지, 영원한 생명을 준다는 영약이나 비술祕術로 불로장생의 신선이 되기를 바라는 사람들이 생긴다.

그러나 아무리 이런저런 수를 써봐도 삶은 괴로운 것이그, 죽음은 인간으로 태어났으면 피할 수 없는 자연의 법칙이다.

그다음으로 초탈의 길에서 거리가 먼 태도가 쾌락주의와 금욕주의일 성싶다.

쾌락주의는 흔히 디오니소스적인 생활 태도로 일컬어지는 도취와 광란, 낭만적 열정에 사로잡혀 사는 것을 말한다.

서양 철학사에서 쾌락주의가 학파로 성립한 것은 그리스의 퀴니크Cynik 학파와 퀴레네Cyrene 학파다. 퀴니크와 퀴레네 학파는 염세관에 뿌리를 둔 쾌락주의 윤리관을 들고 나와 "그대는 내일이면 죽을 터, 먹고 마시고 즐겨라" 하는 식의 쾌락을 추구하는 것을 인생의 목적으로 삼는다.

그러나 쾌락은 쾌락 없는 것이 쾌락이고, 쾌락을 추구하는 것 자체가 고통이다.

바로 이런 쾌락주의의 역설에 걸려 쾌락을 버리고 욕망을 억제하는 금욕주의 경향도 그 안에서 더불어 생긴다.

퀴레네 학파의 에피쿠로스Epicurus는 욕망을 멸시하는 한편 격정에 흔들리지 않는 마음의 평정을 추구한다.

퀴니크 학파에서는 종교 색채를 지닌 채 의무와 금욕을 강조하는

제논Zenon의 스토아Stoa 학파가 나온다.

인도에서는 쾌락주의와 함께 고행주의가 나타난다. 아지타 케사캄발린Ajita Kesakambalin의 유물론적 쾌락주의는 태도가 분명한 편이고,

푸라나 카사파Purana Kassapa의 도덕적 쾌락주의와 니간타 나타푸타Nigantha Nataputta의 고행주의는 수정주의를 겸하게 된다.

이 가운데 니간타 나타푸타의 사상은 자이나Jaina라는 종교로 발전한다.

생生의 철학자 가운데 니체는 인간의 삶을 이끌어가는 동력을 권력 의지로 보고, 윤리적인 선악을 넘어서 생의 의지대로 사는 초인의 길을 추구한다.

이와 달리 쇼펜하우어는 의지를 소멸시켜야만 생의 고통에서 벗어날 수 있다고 본다. 그에 따르면 삶에 대한 의지에서 벗어나는 길 가운데

하나가 의지로부터 도피하는 예술의 길이고,

다른 하나는 삶에 대한 의지를 부정하는 성자의 길이다.

인간의 관념에는 두 가지가 있는데, 현상적 관념과 영원한 관념이다.

영원한 관념은 시간, 공간, 인과율을 넘어선 플라톤적인 이데아다.

영원한 관념에 몰두하면 무의지를 인식하게 됨으로써 의지에 얽매이지 않는 관조의 세계에 들어가

삶의 고통에서 벗어날 수 있다.

그러나 이런 해탈은 잠깐의 휴식 같은 일시적인 해탈일 뿐이다.

영원한 해탈은 의지를 근본적으로 부정함으로써만 얻을 수 있는 것이다.

이 세계는 최악이고 일체의 욕망은 허무한 것이라는 염세관 위에,

개체는 시간과 공간 속에서 개체화의 원리에 따라 나타난 가상에 지나지 않으며,

만유는 그 근본이 하나라는 범신론汎神論의 철학적 진리를 파악하여,

이기적인 자아에서 벗어나 고통받는 자와 자기가 하나라 느끼고

성자다운 사람을 행하는 것이 중요하다.

이렇게 하면 개별성에서 벗어남으로써 자기 자신의 의지를

부정할 수 있다.

성자다움이란 살려는 의지의 부정에 바탕을 둔 삶의 태도다.

염세적인 사고는 초탈超脫 철학의 기본 전제가 되곤 한다.

이 세계는 고해이며, 나고 죽고 늙고 병드는 인간의 삶 자체가 고통이라는 것도 염세관의 한 가지다.

현실 생활과 절연하고 사회의 시비 선악에서 벗어나는 철저한 무관심이 초탈의 길을 가는 이가 가져야 할 태도다.

이런 태도를 지니게 된 사람 또한 죽음의 공포로 말미암은 불안 때문에 인간으로 태어났으니 죽음은 어찌할 수 없는 일이라고,

체념도 했을 것이다. 또 죽음 따위는 겁낼 것 없다고 자위도 했을 것이다.

그러나 봄이 오면 나무의 잎이 나고 가을이 되면 잎이 졌다가 다시 봄이 오면 잎이 나듯이 삶과 죽음, 죽음과 삶을 순환하는 것으로 보고 죽음과 삶을 동일시하게 되면 초탈의 길이 열린다.

생사일여生死一如, 만물의 제일성齊一性, 궁극적인 절대 실재絶對實在로서의 신과 자기가 하나라 생각하고,

그 절대 실재 속에 자기를 소멸시켜 삶의 모든 문제를 해결하려는 자세가 생기는 것이다.

스토아 학파의 마르쿠스 아우렐리우스Marcus Aurelius도 우주

의 주기적 재생과 자연의 제일성을 탐구하였으나,

우리에게 달관의 생활 태도를 가장 잘 보여준 이들은 노자老子와 장자莊子가 아닐까 싶다.

노자와 장자의 사상은 무욕無慾으로 심재心齋하여 절대 실재로 여긴 도道의 경지에 다다라 자신을 그 세계에 맡기는 것이다.

이런 것을 상아喪我라고 하는데, 두 사람은 자기의 의지로 무엇을 하는 것이 아니라

자연에 맡겨 그대로 두어야 한다는 무위자연無爲自然의 생활을 이상으로 삼는다.

도의 경지에서는 시비, 선악, 미추의 차별이 없고 생사가 둘이 아니다.

삶이 있으면 죽음이 있는 것이 자연의 이법이고, 삶과 죽음은 자연의 이법에 나타나는 일시적인 현상에 지나지 않는다. 기뻐할 것도 없고 슬퍼할 것도 없다는 이야기다.

이런 생사일은 사상은 제물齊物의 논리에 바탕을 두고 있다.

이것과 저것, 시비와 선악의 구별은 상대적인 관점이고, 도의 중추中樞에서 보면 차별이 있는 것이 아니어서 천지와 만물이 자기와 하나라는 것이다.

장자는 상대를 초월하여 절대 세계인 자연의 도에 합일한 이상적인 인간상으로 신인神人, 지인至人, 진인眞人을 들고, 소요자적逍遙自適하는 달관의 생활을 추구한다.

염세적인 사고가 초탈 철학의 기본 전제라면, 범신론적인 사고는 논리적 귀결의 한 가지라고 할 수 있다.
범신론은 유신론有神論과 달리 신과 인간의 관계를 질적으로 다르다고 보지 않으며,
절대 실재로서의 신과 인간을 동일한 것으로 보는 태도다. 불이不二의 논리인 셈이다.
범아일여梵我一如는 우주의 원리나 궁극적인 실재로서의 브라만과 개인의 본질적 아트만이 본디 하나라는 것으로,
우파니샤드 이래 인도 철학의 중심 사상이다.
불이의 논리는 베단타 학파의 샹카라Shankara에 이르러 불이일원不二一元의 사상으로 이론 체계를 갖추게 된다.
그에 따르면, 현상 세계는 마야maya(환상)에 지나지 않는데,
이 마야를 실재로 잘못 인식하는 아비드야avidya(무명) 곧 무지로 말미암아 업을 낳고,
이 업 때문에 윤회輪迴의 고통을 받게 된다.
윤회의 고통을 벗어나는 길은 고행으로 업을 소멸시키고 선정禪定을 닦는 것이다.
범신론적인 사고는 욕망의 절제, 의지의 소멸, 자아의 멸각을 통하여
개인적인 소아에서 벗어나 우주적인 대아로서의 절대 실재에 다다름을 목적으로 한다.

이로써 초탈의 이상이 실현되는 것이다. 절대 실재에 도달하면 개아적인 문제가 모두 해결되므로 개별 단위에서는 따로 문제가 생기지 않는다.

그러나 이렇게 되면 쇼펜하우어가 영원한 해탈의 길이라고 일컬은 성자聖者의 행을 실천할 방도가 막힌다.

초탈의 이상을 실현하려면 이기적인 욕망과 의지의 소멸뿐만 아니라

이타적인 사랑의 의미까지 버려야 하기 때문이다.

남을 위한다는 생각, 진리를 구한다는 생각 또한 방향의 차이만 있는 개인적 의지인 까닭이다.

초탈의 경지에 들면 실천에 대한 의식조차 없이 절대 실재의 세계에서 달관의 태도를 취하게 되는 것이다.

사회 윤리의 실천이 필요하지 않다면 문제는 간단하다. 그러나 인간은 독립된 개체로만 존재하는 것이 아니라 관계 속에서도 존재하는 사회적 동물이다.

사회 윤리의 실천이 불가피한 것이라면, 초탈의 태도는 도덕적 비관론이라는 비판을 면할 길이 없다.

물론 사회 윤리의 실천을 위하여 도덕적 의무감을 안고 현실로 복귀하는 초탈파가 있기는 하나 그럴 경우에 실패하기 일쑤다.

플라톤은 '동굴의 비유'에서, 동굴의 어둠과 속박에서 벗어나 철학의 햇빛 속으로 나온 사람은 아직도 갇혀 있는 동굴의

수인囚人들에게

철학의 빛을 나누어주기 위하여 기껍지 않을지언정

윤번輪番으로라도 다시 동굴로 들어가야 한다고 말한 바 있다.

그는 실제로 왕의 고문이 되어 실천을 시도한 바 있고, 철인정치의 이상을 피력한 사람이다.

철인정치의 이상을 실현하려면 사회 구제를 위하여 철학자가 왕이 되든지

왕이 철학을 받아들이든지 해야 한다.

철학자가 왕이 된 보기로 스토아 학파의 마르쿠스 아우렐리우스 황제를 들 수 있는데,

늘 철학의 빛을 그리워하며 마지못해 의무 삼아 하는 소극적인 경세經世 태도로는 성공할 수가 없다.

왕이 철학을 받아들일 때에도 철학의 길과 경세의 길이 다른 만큼 곧 한계에 부딪치게 된다.

이런 실천 영역에서 드러나는 철학의 실패는 워낙 철학이 지닐 수밖에 없는 약점에 그 원인이 있을 것이다.

형이상학적인 이성의 진리와 실천적인 이성의 진리가 다른 데에서 문제는 불거진다.

경험은 그릇된 것이고 추리는 부당한 것이며 이성은 당위라 여길 수 있으나,

인간의 감정이 무시될 때에는 실천력이 약해진다. 흔히 철학

은 이성에 따른 당위나 의무 규정으로 강제된다.

따라서 어떤 일을 할 때에 마음에서 우러나오는 적극적인 행위가 아니라 마지못해 하는 소극적인 행위에 그치기 일쑤다.

이처럼 초탈의 철학에 기운 사람은 범신론적인 결론이 낳은 도덕적 비관주의와 철학이 지닌 약점 때문에 사회 윤리를 실천하는 데 성공하지 못하게 된다.

인간은 사회적인 동물이다. 자족을 추구하는 만큼이나 사회 윤리의 실천이 불가피한 존재다.

이런 바탕 위에서 초탈의 철학의 이상과 실천의 괴리로 말미암아 좌절하게 되는 것이다.

도피의 메커니즘

유신론有神論에 뿌리를 내린 종교에서 신은 종교의 중심 개념이다.
그러나 신의 본질이나 실재는 인간의 이성으로 증명할 수 없으며,
증명할 수 있다고 해서 의미 있는 것도 아니다.
오히려 인간에게 신이 무엇인지 물어야 하며,
문제는 신과 인간의 관계에 있다고 할 것이다.
흔히 종교에서의 신은 초월적 존재로서 인격성을 지닌 채 피조물에 대하여 구원자의 의미를 띤다. 이런 신은 피조물인 인간의 의지로서는 접근할 수 없는 완전한 타자로 존재하는데,
계시啓示로서 자신을 나타내는 까닭에 인간은 계시를 통해서만 신을 인식할 수 있다.
철학에서 신을 말할 때에는 세계의 원리나 궁극적 실재로서의 신일 때가 많다.
초월적인 존재이기는 하나 인격성을 띠지 않으며,
이신론理神論이나 범신론汎神論의 장 속에서 받아들이게 되는 신이다.
종교학에서는 인격적인 신의 기원을 대체로 애니미즘animism에 있다고 본다. 애니미즘은 한마디로 말하여 정령설精靈說이다.
자연과 자연 현상에 영혼이 있으며, 그 영혼이 초자연적인 능력으로 인간의 운명을 좌우할 수 있다고 믿는 것이다.

여기에는 주술呪術과 터부가 따른다.

주술은 초자연적인 정령의 힘을 빌려 인간이 하는 일에 도움을 받으려고 하는 것이다. 자연 감자를 채축하는 일에는 굳이 주술이 없어도 되나, 수렵이나 전쟁처럼 위험하고 불확실한 일 앞에서는 주술이 동원되곤 한다.

터부는 주술의 원리를 뒤집어놓은 것으로,

인간이 금지된 행위를 할 때에는 초자연적인 정령의 제재를 받게 된다는 생각에 바탕을 두고 있다. 정령들이 신격화하여 다신교가 정리되는가 하면, 교체신교交替神敎의 과정을 거쳐 일신교로 발전하곤 한다.

교체신교란 여러 신 가운데 기원자의 필요에 따라 주신主神의 자리가 바뀌는 것을 말한다.

유신론적인 종교로서의 일신교 또한 극복되어야 할 인류 진화의 한 단계라고 할 수 있다.

심리학에서는 신과 악마가 인간의 심리적 기능으로 이해된다.

이런 신은 어떤 객체가 주관 속으로 들어오듯이 무의식적인 내용이 객체인 대상에 투사projection된 것이다.

투사된 객체를 무의식의 심리 작용으로 인식하지 못하고 실제로 존재하는 객관적 대상이나 작용으로 느낄 때 이를 신이라고 하게 된다.

융에 따르면 영혼은 무의식의 자율적인 콤플렉스complex(강박

관념)이고,
 원시인들의 귀령신앙鬼靈信仰은 무의식적 콤플렉스의 직접적인 반영이다.
 프롬은 도피의 메커니즘에 주목한다.
 일차적인 유대 관계의 상실로 말미암아 사회적으로 고립된 개인이 고독과 무력감에서 벗어나기 위하여 이차적인 유대 관계를 모색할 때
 적극적으로 자유를 추구하고 자아를 실현하여 고독을 이겨 내려 하기보다,
 대부분의 사람이 자기보다 우월한 권위를 가진 대상에 스스로를 종속시켜 안주하려고 든다는 것이다.
 인간이 태어난 원천으로서의 자연, 대지, 어머니와 같은 일차적인 유대 관계는 극복되어야 할 단계다. 신화적으로 풀어 말하자면,
 선악과를 따 먹은 인간은 신의 나라로 돌아갈 수 없다.
 일단 탯줄이 끊어지면 어머니의 뱃속으로 돌아갈 수도 없고, 내내 어린아이로 머물 수도 없다.
 그러나 이차적인 관계로서의 신, 아버지, 제도나 이념 같은 초월적인 힘과 절대적인 권위를 가진 어떤 대상에 의지하고 맹목적으로 복종함으로써 문제가 해결되는 것 또한 아니다.
 이런 신이나 대상의 세계에 안주하다 보면 어떤 일체감 속에

서 불안과 회의로부터 도피할 수는 있으나,

권위를 가진 대상 자체가 낳은 병폐에서 벗어날 수가 없으며, 독립되고 자유로운 자아를 지닌 인간이기를 포기해야 하는 대가를 치러야 하기 때문이다.

소외에 대한 불안과 인간 존재의 불확실성이, 마약 중독자가 마약에 의존하듯, 어떤 대상에 스스로를 의지하게 만드는 것이다.

권위에 대한 이런 복종은 자기 자신과의 관계에서도 성립된다. 문제는 자기를 자신으로부터 도피시키는 자기 소외에 있다.

미친 사람은 자신으로부터 완전히 소외된 사람이다. 욕망의 노예가 된 사람 또한 소외된 사람이다. 자기는 자신이 하고 싶은 대로 한다고 생각할지 모르나,

자기가 아니라 욕망이 시키는 대로 하기 때문이다.

이런 욕망의 대상이 하나의 우상으로 떠오를 때 인간은 그 우상의 노예가 된다.

우상이 피조물인 인간으로서는 어찌할 수 없는 절대 타자로서의 신일 경우에 그 신은 숭배의 대상이 된다.

그러면 인간은 그 우상에 복종하고, 그 우상은 절대적인 권위로 인간을 지배하게 되는 것이다.

이런 우상 숭배에 기대면 불확실한 인간의 운명에 대하여 불안해할 필요가 없어진다.

인간의 운명이 개인의 의지나 행위에 의하여 움직이는 것이

아니라 신의 뜻에 의하여 움직이는 것이 되기 때문이다.

이럴 때에는 시비, 선악을 분별하는 것 또한 개인이 판단하는 것이 아니라

신에 의하여 주어진다.

계시란 인간 스스로의 능력으로는 알 수 없는 진리나 비의를 신이 인간에게 보여주는 것이다. 신의 계시는 자연물, 자연 현상, 역사적 사건, 종교 의식 등을 매개로 하여 인간에게 꿈이나 환청 같은 형태로 나타난다.

이런 계시를 받은 이는 샤먼shaman, 예언자 등으로 불리며 사제司祭, 예언豫言, 의료醫療 등의 사회적 기능을 수행하곤 한다.

계시를 주는 쪽의 신이 천사인지 악마인지는 인간의 능력으로 알 길이 없으며, 구별할 수 있는 지표 또한 마땅히 없다.

다만 계시를 받은 이가 판단하기에 인간에게 우호적이면 천사이고, 파괴적이면 악마라고 믿을 뿐이다.

신이 인간에게 나타내어 보인 계시의 내용인 지식이나 도덕적 판단의 시비, 선악도 피조물 곧 인간으로서는 알 수가 없다.

심리학의 관점에서 신은 무의식이 투사된 것이고, 계시는 무의식이 의식에 표출된 것이다.

이 무의식의 내용을 이해하고 잘 쓰면 인간을 구원하는 옳고 선한 것이 되지만,

이해하지 못할 때에는 병적인 악의 상태로 남을 수밖에 없다.

종교적인 경험이 반드시 유신론적 인격신이 요구되는 것은 아니다.

경험 자체에다가 인격성을 부여할 수 있기는 하다.

그러나 경험 그 자체로는 인격성이 있는 것도 아니고, 선악의 구별이 있는 것도 아니다.

명상이나 선 등의 인격신의 존재를 전제로 하지 않는 종교적 수행이다.

무신론적인 종교 경험에 관해서는 프로테스탄트 신학자들도 이미 논의하고 있다.

감각 기관을 통한 지각 또는 사고를 통한 추리나 인식이 아니라는 점에서 종교적 경험을 환각幻覺이라 보기도 한다.

흔히 환각은 꿈, 심한 피로나 흥분 상태 등 감각 또는 사고의 작용이 억제되거나 차단된 상태에서 일어난다. 환각에는 환시와 환청 등 여러 가지가 있다.

여러 종교에서 보게 되는 기도나 송경誦經, 타고打鼓 같은 의식들은

감각 작용을 차단하고 종교적 환각을 일으키려는 노력이라 할 수 있다.

환각은 알코올이나 마약 같은 약물을 통해서도 쉽게 일어날 수 있으며, 뇌의 이상 때문에 일어나기도 한다.

종교적 도취 체험은 일상이나 세속의 일을 경험하는 것과 퍽

다르다는 맥락에서 광기의 영역과 겹치기도 한다.

뇌에 이상이 오거나 정신병이 발작할 때에도 종교적인 도취 상태와 비슷한 기분을 느낄 수 있다.

특히 정신 분열증 환자는 종교적 도취 체험과 비슷한 것을 많이 거느린 채 산다.

신의 기운 곧 알 수 없는 힘에 휩싸이는 느낌은 분열증의 피영향체험被影響體驗과 거의 같은 양상이고,

미지의 진리나 지식은 망상이나 착상과 비교되며, 망아忘我의 황홀 상태는 발작으로 나타는 것이다.

초자연적인 타자를 의식하는 것 또한 정신병적인 체험 현상의 한 가지다.

신의 계시를 받은 이로서의 샤먼이나 예언자와 광인이나 정신병자는 경험 내용만 가지고서는 구별할 수가 없다.

신비 체험을 할 때 느끼는 황홀감이나 환각은 여느 사람에게는 정서나 이미지의 형태로 나타나곤 한다.

신적인 어떤 것을 경험한 사람이라도 자아가 약하거나 타자로서의 무의식적인 내용이 강한 나머지,

그 힘에 압도되어 정상 생활을 할 수 없으면 광인이 된다.

분열증 환자의 경우에는 체험의 의미를 이해하고 받아들이기를 거부함으로써, 경험 내용을 이념화하고 창조적 활동으로 바꾸어내지 못하게 된 사람이다.

그래서 실패한 신비가神祕家 같은 느낌을 주기도 한다.
이런 신비 경험을 어떤 타자와의 만남이라고 한다면, 예언자는 정신 기능이 정상인 상태에서 타자를 이해한 것이고,
광인은 자기를 잃어버린 채 타자에게 지배되는 것이다.
정신병자는 타자와 자기의 이원적인 갈등 속에 놓여 있는 사람이다.
그렇다면 예언자의 진위眞僞는 신의 계시나 경험 내용보다는 건전한 양식에 의한 창조적 행위나 윤리적 실천 등의 결과로 판단할 수밖에 없는 셈이다.

III

나의 묘비명

요즘 들어 "영감 빨리 죽어야지" 하는 말을 자주 듣는다.
아직 영감 소리를 들을 나이는 아니다.
갓 쉰이 넘었을 뿐이니까.
지금은 사정이 좀 다르지만, 나는 스물아홉 나이에 출가한 늦깎이다.
덕분에 도반들이 열 살쯤 아래인 데다가, 나잇값도 못 하고 기존 질서에 매끄럽게 편입되지도 못하는 아직 아이일 수밖에 없는 신세다.
전통적인 편제에 몸담았다면 큰스님 소리를 들을 나이인데……
"빨리 죽어야지" 하는 말 속에는 세대 차이, 기대와 실망 등 여러 가지 감정이 들어 있다.
구세대 중에서 그래도 새로운 질서의 싹이 있지 않을까 하는 기대, 되는 것도 없고 안 되는 것도 없는 데 따른 실망, '모르겠다. 시간이나 빨리 지나갔으면' 하는 심정 따위다.
어설픈 세대론을 늘어놓으려는 것이 아니다. 절집 안에서 본다면 사십 대가 전환기에 있는 세대이긴 하지만, 어느 세대나 다 저희가 어중간한 세대라고 느끼는 것은 마찬가지다.
암울한 시간 즉이기보다는 닭의 목을 비트는 것이 나을까? 그래도 빗돌이라도 세워줘야지. 호칭은 선사, 강사, 화상…… 뭐 하나 제대로 어울리는 것이 없다. 선원에서 십 년 동안 살았어도 수좌 소리를 듣길 하나, 사상가를 자처하면서 치문을 제대로 새길 줄 아나, 일이라고는 막일밖에 할 줄을 모르니, 차라리 선생이라고 하는 것이……

고등학교 이 학년 때 중이 되려고 마음먹은 적이 있다.

그때 중이 되었다면 착실한 중이 되었을 것이라는 생각이 든다.

모르지. 주머니 속의 송곳이 언제 삐죽 나왔을지. 무엇을 못 잊어 방황하며 하릴없이 세속의 때만 묻혔는지.

그래서 절집의 장판 때 묻히기가 그토록 힘들었을지도 모른다.

출가 동기래야 특별한 이유가 있던 것도 아니다. 그저 내가 설 자리가 없다고 느꼈을 뿐이다.

입산하고 나서 첫 느낌은 '이 동네도 사람 사는 곳이구나' 하는 것이었다. 그러나 숨 쉬기는 훨씬 편했다. 또 지랄하다 보니 뭔지는 몰라도 나를 그렇게 괴롭히던 문제들이 어디로 사라지고, 한 십 년은 옆도 돌아볼 줄 모르고 지나온 것 같다.

나의 가장 멋있는 모습은 고원의 벌판에서 지팡이인지 괭이인지를 들고서 뭘 하다가 석양을 바라보는 그림이다.

그림으로 내놓으니까 그렇지 다른 말로도 표현할 수 있다.

초점 없는 눈, 과녁 없는 표지판이다. 있는 대로 보고, 화살이 떨어지는 곳이 과녁이기를 바랐다.

나를 엄청나게 괴롭힌 문제들 가운데 하나가 이래야 되는 것과 그렇지 못한 현실의 틈이었다. 그 현실의 대상은 세상일 수도 있었고, 나 자신일 수도 있었다. 나는 옳은데 세상이 틀린 것으로 보이기도 했다.

이럴 때에는 세상을 바꿀 수밖에 없다. 공산주의나 사회주의 이데올로기의 환상에 사로잡히기 딱 좋은 상황이다.

그러나 현실의 벽이 높으면 높을수록 저만의 울을 치든지. 아니면 다른 유토피아를 찾아서 길을 떠나게 된다.

저만이라도 더러운 세계를 벗어나려는 것이다. 이것이 노자와 장자의 길이다. 그러나 날개 돋은 신선이 되어 하늘을 날아도 언젠가는 땅에 떨어지고, 또 저도 모르는 제 속의 늪에 한 발 두 발 빠져들기 시작한다. 결국은 이중의 부담을 안게 되는 것이다.

자아의 늪에서 허우적거리면서 신은 왜 '나'를 만들었을까, 부모는 왜 '내' 의지와 상관없이 '나'를 낳았을까 반문해보지만 아무 소용이 없다. 어쨌거나 숨을 쉬고 살아야 하니까. 자랄 때에도 저 홀로 자연히 가지를 뻗으며 큰 것은 아니다.

사회의 간섭, 즉 위의 뜻, 저희 마음대로 자르고 붙이고 해서 만들어진 것이 '나'라는 인간이다.

'나'란 무엇일까?

'나'의 뜻과는 상관없이 태어나서 누군가의 가위질에 의하여 만들어진 기형의 조형물에 지나지 않는다. 그런데 왜 고통은 '내'가 당해야 할까? 책임은 '내'가 져야 할까?

그래도 '내'가 '나'일 수밖에 없는 무엇이 있지 않을까?
그것이 불교에서 말하는 마음일까? 의식일까? 모든 것 다 제하고 그래도 남아 떨어지는 그 무엇이, 지난번까지는 당신네의 뜻이었을지 몰라도 앞으로는 '내'가 책임질 수밖에 없는, '나' 말고는 누구도 '내' 삶을 책임질 수 없다는 그런 것이 있지 않을까?
그림은 그림이다. 세상이야 변하든 말든 언젠가는 이루어질지도 모를 세계를 아무리 그려보아도 괴롭기는 마찬가지다.
저 동네에는 뭔가 있을까? 여기보다는 조금은 나을까?
그래서 중이 된 것뿐이다. 출가를 하면, 행자 과정을 거쳐 수계를 받고 강원에서 기본적인 승려 교육을 받은 뒤 교학이나 참선 등을 선택하게 된다. 왜 아무것에도 머물지 못할까?
선원에 있을 때는 강원의 전형적인 인간상으로 취급받았지만, 사실 강원에서는 두 해도 채 못 살았다. 그러면서 강원 교육의 제도나 내용이 바뀌기를 바랐지만 아직도 마찬가지다.
수직적인 구조와 수평적인 사고의 차이다. 아무리 수평화해야 한다고 생각해도, 수직 속의 수평 구조물을 떨어져 나올 수밖에 없다.
선원에서 가장 어렵던 부분은 추리나 연상에 의한 진행과 반복이라는 방법의 차이였다. 철학의 입장에서 본다면, 지식의 근거는 경험과 추리다. 그러나 선적인 방법은 경험 대상이나 관념 내용을 부정하고 신적인 계시까지도 거부한다.

무엇을 채우는 것이 아니라 비우는 과정이다. 이런 방법상의 차이 때문에 선禪과 교敎가 한데 어울리기가 어려웠고, 끊임없는 갈등 관계가 조성되어 왔다. 그러나 내가 아직 어느 곳에도 속하지 못하고 있는 것은 이런 갈등 관계 때문이 아니다.

선이든 교든 부처님의 가르침을 받아들이는 본성론적인 전제들에 대한 의문 때문이다.

눈을 밖으로 돌릴 수밖에 없다면, 과학적인 학문 방법이나 새로운 이데올로기를 도입하는 것이 필요하다고 보았다.

지금이야 웬만큼 들여왔으나, 아직도 삶 따로 불교 따로 흘러가기는 마찬가지다. 개인은 자본주의에 물들어 있지만, 조직은 봉건 색채의 구조를 유지하듯이.

왜 아직도 떠돌이일까? 아직까지 떠돌이일 바에야 떠돌이로서 자부심을 가지는 것이 좋을까? 떠돌이로 사는 것은 실패일까?

떠돌이 삶이 실패라면 그 원인은 어느 순간부터 뒤를 돌아보았다는 것이다.

차라리 앞만 보고 휘적휘적 왔으면 성공했을까? 앞만 보고 왔으면 성공까지는 모르지만 실패의 발자취라도 남겼을 것이다.

그렇게 하지 못한 것이 빨리 죽어야 하는 이유다.

나에 관한 평가 가운데 하나가 배후령背後靈이 없다는 것이다.

사람은 거의 다 배후령을 하나씩 지닌 채 태어난다고 한다.

우리는 저마다 자기 의지대로 움직인다고 생각하기 일쑤지만, 알게 모르게 배후령의 뜻에 따라 행동한다. 배후령은 이를테면 업의 덩어리라고 할 수 있는 한恨이나 무의식에 깃들인 콤플렉스인 것 같다.

 배후에 영靈이 없으니 제멋대로일 수밖에, 차라리 좋은 귀신이라도 한 마리 붙어 있었으면 멋진 사람이 되었을 텐데……

 그래도 하고 싶은 것은 있다. 나는 우리 인간을 엉터리로 살게 만드는 가장 큰 빌미가 우리를 움직이게 하는, 천국으로 이끌 그 무엇이 있을 것이라고 하는 생각이라고 본다.

 여기에서 그 무엇은 과거의 업이나 타고난 운명일 수도 있고, 미래와 관련한 이데올로기나 유토피아일 수도 있고, 초월적인 신이나 내재하는 원리일 수도 있다. 그러나 신의 이름으로 사기치는 사람도, 사기당하는 사람도 불쌍하기는 마찬가지다.

 또 진리를 들먹이며 억압하는 사람, 그 억압을 받는 우매한 중생 또한 얼마나 많으냐! 나는 사람들에게 꿈이 없어도, 신이 없어도 살 수 있다는 것을 보여주고 싶다.

 마냥 기다리면 될까?

 선적인 방법의 확립이 그 길일 수 있을까?

 전후제前後際가 끊어진 지금 여기에서 포스트모던한 태도나 신과학적인 세계관을 취하는 것이 나을까?

 이제 와서 어떤 길을 찾든 그것이 이데올로기적인 진리나 질서 또는 신의 품속만큼은 안온하지 않을지도 모른다.

그러나 이런 것은 적어도 인간을 엉터리로 만들지는 않을 듯하다.

조계종의 종지가 선禪이고, 선이 최고의 수행 방법이라는 데에는 동의한다. 그러나 선이 최선이라는 이유는 엇갈린다. 선이 지바 이데올로기이기 때문일까?

포스트모던한 태도는 기존의 체제나 질서에서 본다면 돼먹지 않은 짓거리다. 그 속에는 낙원을 사막화하는 파괴의 숨결이 서려 있다.

신과학적인 그림 또한 우리의 삶을 어떻게 바꾸어놓을지 아직은 모른다.

실체가 불분명하다. 하기야 나 자신도 불분명하기는 마찬가지지만……

지금은 대장경 전산화 일을 하고 있다. 자아의 벽을 깨는 수단이 될 수 있을 것이라는 기대에서 하는 일이다.

그러나 전산화한 정보가 오히려 자아의 성城을 강화하는 도구가 될지, 아니면 새로운 어떤 괴물을 만들어낼지는 두고 볼 일이다.

꿈은 이루어지기도 한다. 그래서 아직 죽지 못하고 있는 것일지도 모른다. 차라리 도사나 될 걸 그랬나?

다시 태어난다면

다시 태어난다면?

왕이나 할까?

왕이 되려면 왕으로서의 업을 지어야 할 터. 그것은 지도력, 상상력, 결단력일 수도 있으며 냉혹한 치자의 술術일 수도 있다.

플라톤은 철인정치의 꿈을 피력했으나 철학의 이상과 통치술 사이의 넘을 수 없는 벽에 부딪치고 만다.

마찬가지 맥락에서 고타마는 전륜성왕의 자리를 버리고, 예수는 하느님의 아들이 될 수밖에 없었을지도 모른다.

이래저래 왕이 되기는 틀린 것 같다. 그러나 내가 왕이 못 되는 더 큰 이유는 전생을 믿지 않는 데 있지 않을까 싶다. 아예 그럴 기회마저도 없을 테니까.

선원에 있을 때의 일이다. 내가 무심코 윤회를 믿지 않는다는 말을 하자, 인과를 믿지 않는 사람은 중이 아니라는 반응이 돌아오는 게 아닌가. 이 일에서 알 수 있는 대로, 인과와 윤회를 같은 개념으로 생각하는 이가 많은 듯하다.

내가 생각하기에는 인과와 윤회는 동일 개념이 아니다. 물론 인과라는 포괄적인 개념 속에 윤회라는 개념을 포함시킬 수는 있다.

그러나 인과와 윤회는 개념의 외연이나 내포가 다르다.

인과는 원인과 결과라는 자연과학적인 개념이고, 윤회 속에는 삶과 죽음을 전전하는 생명이라는 개념이 개입되어 있다.

문제는 윤회의 주체에 있다. 주체가 없는 윤회라면 우리가 널리 쓰는 인과 개념과 그대로 겹친다.
  원인과 결과의 관계, 자연과학적인 인과 개념이라면 부정할 사람은 아무도 없다. 그러나 그것도 한계가 있다. 질적인 변화는 양적인 확대로 설명할 수 없다. 오히려 패러다임의 전환, 변화나 창조의 과정에서 나타나는 우연한 요소들의 역할이 강조되고 있다.
  한때 깨쳤다고 전국을 휩쓸고 다니던 보살이 있었다.
  "깨친 것은 좋다. 그러나 깨쳐서 뭐 할 거냐?"
  "다음 세상에 남자로 태어나서 비구가 되고, 비구가 되어 도를 닦아 성불하려고."
  "성불해서 뭐 할 건데?"
  그때 가서 할 수 있는 일이라면 지금도 할 수 있다. 지금 여기에서 할 수 있는 최선의 일을 하면 되는 것이지 굳이 내일을 기다릴 필요가 없다. 내일은 있어도 좋고 없어도 상관할 바가 아니다.
  영원한 삶을 바라는 마음이 윤회나 전생이라는 관념을 낳은 것일 게다.
  그러나 부처님의 가르침은 윤회를 벗어나는 데에 있다. 여기에서 말하는 윤회는 무의식적인 콤플렉스인 순환이라는 의미에 가깝다.

불교에서는 무아라고 한다. 인간은 오온五蘊으로 구성되어 있고, 색色, 수受, 상想, 행行, 식識 어느 것 하나도 '나'라고 할 수 없다.
 그러나 사람들은 업을 지고 전생轉生할 불멸의 '아我'에 대한 관념들을 끊임없이 추구한다.
 생천生天 관념은 삶에 위안을 주고 윤리적인 측면에서 권선징악이라는 긍정적 역할도 한다.
 그러나 아무리 하늘에서 태어나도 업이 다하면 다시 떨어진다. 부처님의 바람은 다시 태어나지 않는 것이었는데, 윤회나 전생 개념에 매달리는 태도는 어찌 보면 수단이 목적화한 것이 아닌가 싶다.
 영원히 사는 것도 가지가지다.
 신선이나 될까?
 그렇다면 다시 태어날 필요도 없다.
 그러나 팽조가 칠백 년을 살아도 하루아침의 이슬이다. 차라리 미라가 되었다가 재생할까? 이 육신으로 영원히 사는 것이 불가능하다면 영혼이라도 있어야 하는데……
 영혼의 안식은 신의 선택일까, 아니면 업의 문제일까? 신의 선택이라면 신이 나만은 구원해줄 것이라는 믿음밖에 기댈 데가 없다.
 업의 문제라면 행위의 결과일 테지만 말이다.
 다른 영원한 삶도 있다. DNA, 곧 유전자다.

유전자는 육체의 특성만 보존하는 것이 아니라 정신 영역의 기본 정보까지 재생시킨다. 또 하나, 관념의 체계 또한 문화라는 토양 속에서 생명을 유지한다.

생물학적인 유전자는 가장 확실한 자신의 재생이되, 아무도 아들을 자신과 동일시하지 않는다. 아들은 아들이고 자기는 자기다.

XY 염색체의 반쪽이기 때문일까? 아니면 아들의 영혼과 자기의 영혼이 다르기 때문일지도 모른다. 유전자적인 복제라면 '나'라고 할 수 있을까? 모르겠다. 아무튼 현대 과학은 생명 복제를 할 수 있는 단계다.

진화는 생물만 하는 것이 아니다. 관념도 진화한다. 사회적 조건, 문화적인 토양만 갖추어지면 히틀러의 망령은 언제든지 재생할 수 있다.

부처님이 자기를 보려거든 법을 보라고 했을 때, 법은 관념의 일종일까? 어쨌거나 부처님의 가르침은 오늘까지 생명을 유지하고 있다.

티베트 라마들의 환생에 의해서일까? 아니면 관념의 진화일까?

다른 의미에서의 재생도 있다. 이를테면 무당의 접신이 그렇다. 무당은 접신하면 계시나 은총을 받기도 하고 깨달음의 순간을 체험하기도 하는 등, 그 순간 새로운 인간으로 다시 태어난다.

흔히 윤회와 전생이라는 말은 같은 맥락으로 섞어 쓴다. 그러나 굳이 구분한다면 윤회는 순환이라는 측면이 강한 말이고, 전생은 '나'라는 주체의 측면이 강한 말이다. 물이 조건에 따라 얼음이 되거나 수증기가 되는 것은 윤회다.

'나'의 영혼이 나무에 붙었다가 돌에 붙었다가 하면서 생을 전전하는 것은 전생이다.

윤회 개념은 물이 수증기가 되는 현상처럼 물의 자성을 유지하는 것뿐 아니라 물이 수소와 산소로 분해되는 질적인 변화까지를 포함한다 하더라도 인과로 설명할 수 있고,

'나'라는 주체를 필요로 하지는 않는다.

그러나 전생은 변화하는 객체의 문제가 아니라 변화하지 않는 주체의 문제다.

불변의 자성을 가진 주체의 존재를 증명하는 몇 가지 방법이 있다. 영혼의 실재 증명과 전생의 기억, 생명이나 행위의 주체로서 '아我'의 필요성 등이다.

이런 '아'에 대한 가정을 증명하기 위해서는 실재론이나 심신 이원론이라는 전제들이 필요하다.

그러나 실재론적인 설명의 한계나 이원론의 모순은 이미 드러난 바다.

나는 내가 신의 실패작이라고 생각한다. 그래서 이런 실패를 되풀이하지 않고 나 같은 고뇌하는 인간이 다시는 태어나지 않

기를 바라는 것일는지도 모른다.
 그래서 중이 될 수밖에 없었고, 엉터리 같은 고통과 고뇌를 내 선에서 끝내기를 바랐을 뿐이다.
 중이된 것은 불교에 대한 지식이나 신심이 따로 있어서가 아니다. 너가 설 자리가 마땅히 없었기 때문이다.
 여기에는 무엇이 있지 않을까 하는 막연한 기대에서 불문(佛門)에 든 것이다.
 아무런 꿈도 없었다. 그저 갈등에서 벗어나고 싶었을 뿐이다.
 그러나 나도 살면서 재미를 느끼는 부분은 있다. 상상력이다.
 상상력만큼 인간의 삶과 세계를 풍부하게 만드는 것은 없다고 생각한다.
 그렇지만 상상력만으로는 살 수 없다.
 그 상상력이 돈과 교환되기 전에는 대개 환상에 지나지 않는다.
 그러나 우리에게는 꿈꿀 권리가 있고, 한 번쯤은 기회가 있을지도 모른다.
 21세기의 신흥로 불리는 드림웍스가 하는 일은 상상력과 재미를 파는 것이다. 그러나 이쯤 되면 장사를 넘어 세계를 지배하는 새로운 수단이다. 석가의 꿈을 파는 장사꾼 노릇이라면 나도 한 번쯤 해볼 만한데……

수행 방법으로서의 선禪

　조계종은 선종으로서 선을 종지로 한다. 그런 선만을 내세우지 않고 기도와 염불 같은 여러 수행 방법을 아울러 채택하고 있다.
　선이 조계종의 종지이며 최선의 수행 방법이라는 데에는 이론의 여지가 없다. 아니, 그렇다기보다는 오히려 이에 대하여 아무도 의심하려고 든 적이 없는 것일지도 모른다.
　오랜 전통과 커다란 권위 때문일까. 그럴지 모른다.
　사판事判은 말할 것도 없다. 일을 하면서도 '선방에 가야 하는데' 따위의 변명 아닌 변명의 말을 한다. 경을 가르치는 강사는 한 단계 낮다고 여기고, 기도, 염불, 주력 등으로 종교적 경험을 얻었으면서도 선을 등에 업고 선사라는 칭호를 바라고, 부처님 전에 목탁을 치고 염불을 하면서도 이에 자부심을 가지지 못하는 것은 무슨 까닭일까.
　마땅히 자부심을 가져야 하고, 가져도 좋은데 말이다.
　무엇이든 그 나름으로 장점이 있고, 단점이 있다. 선이 만능은 아니다.
　선은 선대로 바라는 세계가 있고 취하는 길이 있듯이, 기도는 기도대로 구하는 세계가 있고 방법이 있는 것이다.
　선을 비판하는 소리가 없는 것은 물론 아니다. 선의 권위나 위신이 실추된 일면도 있고, 사회의 변화에 적응하지 못한 데 따른 지적도 적지 않다.

특히 보살의 이상을 내건 채 정토와 민중의 이름으로 적극적으로 사회나 정치에 참여할 것을 주장하는 쪽에서 선을 강하게 비판하고 있다.

그러나 이 또한 선 자체에 대한 비판이라기보다는 현재의 선원 운영이나 수좌들에 대한 비판에 그치는 느낌이다.

더러 선의 타락을 지적하기도 하나, 대개는 선도 좋고 중요하지만 사회 참여도 필요하다는 이야기 정도에서 머문다.

보살의 이상이 정토를 추구하는 데에 있다면, 수행 방법 문제뿐 아니라 행위 양식에 관해서도 할 말이 많을 것이다.

정토 신앙과 선을 조화시키려는 선사들의 많은 노력이 있었지만, 논리적 일관성이라는 점에서 본다면 실패로 돌아간 듯하다.

오히려 정토 신앙의 궁극적인 대상을 방편화하거나 유심唯心으로 환원시킨 것은 신앙의 관점에서 볼 때 한 걸음 후퇴한 양상으로 볼 수 있다. 차라리 친란親鸞이 아미타불을 절대화하여 정토왕생에서 철저히 자력의 길을 막고 타력의 문을 연 것이 신앙이라는 방법에서는 하나의 발전된 형쾌가 아닐까 싶다.

선이 어째서 최선의 수행 방법일까. 선을 통한 방법에 대한 확신도 없이 선이 지닌 권위를 무작정 따른다거나 그냥 내가 좋아하니까 하는 식의 막연한 태도를 벗어버리면, 그리 쉽게 단정할 수는 없을 것이다.

사람마다 성향이 다르고 바라는 것이 다르다.

그러므로 개인의 능력과 이상에 따라 길을 선택해야 한다.

교체신교에서 필요에 따라 신이 바뀌고, 그 신에 따라 종교적 제의도 달라지는 것과 마찬가지다.

수행 방법들을 서로 비교하거나 그 사이의 우열을 따질 때에는 개인의 근기根機와 성향, 그리고 무엇이 더 중요한지를 가늠하는 가치 평가에 따르게 된다. 사람의 정신 기능은 크게 감각, 감정, 사고, 직관으로 나뉜다. 감각이나 감정이 앞선 정情적인 사람은 감각적인 아름다움의 세계로서의, 또는 감정적으로 만족스러운 상태로서의 천국이나 극락을 이상으로 삼는 경향이 있다.

이와 달리, 사고나 직관이 앞선 지知적인 사람은 진리나 정신의 평안함을 추구하며 열반을 종교적 목표로 삼는 경향이 있다.

정적인 사람이 감각이나 감정의 요소를 써서 극락이나 천국을 희구할 때 취하게 되는 일반적인 방법은 주술이나 기도다. 지적 사람이 열반을 추구할 때에는 그 방법으로 명상이나 선을 택할 확률이 높다.

주술이나 기도는 물物이든 신神이든 대상을 필요로 한다.

곧, 절대적이고 무한한 능력을 가진 신앙의 대상이 있어야 한다는 것이다. 절대적인 존재의 힘에 의지하는 방법이 주술이나 기도인 셈이다. 주술이나 기도를 방법으로 택한 사람은 절대적인 존재의 계시를 받거나 가피加被를 입어 이 세계나 죄에서 구원을 받으려고 한다.

명상이나 선을 절대적이고 인격적인 대상에 기대기보다는 궁극적인 원리나 진리를 체득하는 수행을 통하여 해탈에 이르는 것을 목적으로 한다. 그래서 기도나 주술에서 요구하는 신앙 대상으로서의 인격적인 요소가 선이나 명상에서는 오히려 방해 요소가 된다.

신앙이라는 측면에서는 절대적일수록 또 강력할수록 더 좋은 신적인 것을 선의 수행 방법에서는 철저하게 배격한다.

이를테면, 부처를 만나면 부처를 죽이고 조사를 만나면 조사를 죽인다는 식이다. 그리고 기도에서는 계시받은 내용이 구체적일수록 강력한 힘을 발휘하지만, 선에서는 어떤 깨달음의 내용도 부정한다.

원시 불교나 선에는 신적인, 인격적인 요소가 거의 없다.

그러나 '부처님', '보살님'이라고 할 때에는 신적인, 인격적인 요소를 가지게 되며, 대승불교에서는 신앙적인 종교 형태를 갖추게 된다.

불교는 무신론적인 종교다. 불교의 신앙화는 어찌 보면 후퇴이고 타락이다. 사실 인도라는 만신萬神의 고장에서 무신론적인 사고를 할 수 있었다는 것은 놀라운 일이다. 그리고 바로 이 대목이 불교를 불교로서 존립할 수 있게 만든 것이다.

신의 존재 여부는 증명의 문제가 아니라 믿음의 문제이긴 하지만, 증명할 길도 없고 내가 믿는 신만이 유일한 신이며 최고의 신이라고 주장할 아무런 근거도 없다.

또 내가 받은 계시의 내용이 참된 것인지 거짓된 것인지 판단할 길이 없으며, 나에게 계시를 내린 신이 선신인지 악신인지 알 수도 없다. 신에 따라 계시의 내용이 달라질 수 있고, 같은 신이 다른 사람에게 계시를 주지 말라는 법도 없으며, 내가 받은 계시만이 옳은 것이라는 보장 또한 없다.

역사를 돌아보면 신적인 대상의 절대화가 독선이나 배타성을 낳고 말썽으로 이어진 적이 많다. 또 신의 이름으로 진리의 이름으로 범한 잘못이 한두 가지가 아니다.

선 수행 방법은 어떤 신적인 대상이나 관념적인 내용도 껴안지 않는다.

송곳 한 치 꽂을 땅도 있어서는 안 된다. 선에서는 일체의 객관 대상을 부정할 뿐 아니라 깨달음 또한 어떤 내용이 아니다.

그러므로 대상의 우상화나 관념적인 내용의 절대화가 만드는 병폐나 한계성에서 벗어날 수가 있다.

이런 점에서 선은 최선의 수행 방법이라 할 수 있다.

종교의 수행 방법을 크게 청원태, 희구태, 체주태로 나누기도 한다.

청원태는 자기가 이루고자 하는 것을 초자연적인 힘에 기대어 성취하려는 주술적인 형태를 말한다. 희구태는 종교적 신조나 신의 은총으로 일을 성취하거나 자신을 재편하려고 애쓰는 기도적인 방법을 말한다. 체주태는 주도 객도 없는, 신도 나도 없는, 신과의 합일을 체험하려는 신비주의 경향이나 선적인 깨달음을 말한다.

이 체주태는 가장 발전되고 세련된 수행 방법으로서, 궁극적인 문제에 관심을 기울이는 한편 체험을 중시한다.

이런 체주태적인 체험은 청원태적인 기적이나 희구태적인 환상 또한 황홀감보다 종교적 가치의 창조라는 면에서 훨씬 근원적인 힘으로 작용한다.

이런 근원적인 힘을 상실한 종교는 시체나 다름없이 되고 종교 제도의 사회적 기능을 강조하게 된다. 그러나 의지할 신도 없고 얻을 것도 없는 체주태적인 수행 방법은, 세련되고 발전된 방법이긴 하지만, 쉽게 뭘 얻기를 바라는 일반인으로서는 접근하기 어려운 방법이다.

그래서 이 방법은 일상적이지 않은 궁극적인 문제에 관심을 가진 상근기上根機의 사람이 주로 택하게 되고, 하근기下根機의 말세 중생에게는 아미타불의 명호만 외우면 미타의 본원本願에 의하여 정토에 태어날 수 있다는 타력의 문이 강조되곤 한다.

기도적인 방법과 선 수행 방법의 차이는 사회적인 행동 양식에도 반영된다. 기도적인 방법에서는 이상 세계로서의 극락이나 정토가 저 너머에 있다고 여길 때에는 개인적인 윤리와 선善

이 강조된다.

그리고 정토가 여기에 실현되어야 한다고 현세적으로 생각할 때에는 이 세계에서 정토를 이룩하려고 사회 개조에 힘을 쓰고 사회 윤리와 정의가 강조된다.

이와 달리 선적인 방법에서는, 이상이 현재에 있긴 하지만, 사회의 구체적 개조가 아니라 종교적 가치를 실현함으로써 이 세계가 있는 그대로 정토가 된다고 본다.

깨달으면 부처요, 깨닫지 못하면 중생일 따름이다. 양의 문제가 아니라 질의 문제인 것이다. 선에서는 깨달음만이 어떤 행위나 가치를 결정하는 종교적 경험의 요체이고, 진리가 으뜸가는 문제다.

사회 제도가 아니라 인간의 태도 변화만이 이 세계를 구원할 수 있다고 전제한다면, 선 수행 방법에서 의지할 신도 깨달음의 내용도 없다는 것은 선에 접근하기 어렵게 만드는 일면도 있으나, 바로 이 대목이 선의 가장 큰 강점이 된다. 신적인 대상은 우리에게 안정감을 주지만, 이는 노예로서의 안정에 지나지 않는다. 이런 우상으로부터의 해방이 우리에게 불안감을 줄지언정, 우리를 자유롭게 하고 스스로의 주인이 되게 한다.

깨달음에 내용을 심지 않는 것은 이 세계의 다양한 가치관 사이에 있는 갈등을 해소하는 최선의 길일 터이다.

내용 없는 깨달음은 안경 없이 세상을 볼 때처럼 있는 것을 있는 그대로 보게 하며, 최선의 행위를 하게 한다.
   보리菩提는 본디 나무가 아니고 명경明鏡 또한 대臺가 아니라는 이야기다. 나무가 아니라 대지로서 모든 것이 서는 기반이 되고 소나무는 소나무로, 참나무는 참나무로 있는 그대로 있게 하는 근거가 되는 것이다.

본성론적인 전제들에 대한 반성

한국 불교는 본성론적인가?

본성론과 비본성론이라는 선線을 기준으로 한다면 본성론적이다.

한국 불교가 본성론적이라는 데 대해서는 이론의 여지가 전혀 없다.

선의 교판敎判이 아니라 가풍 정도의 차이는 있지만 그래도 당연한 부처님의 가르침으로 받아들이고 있다. 연기緣起나 공空이라는 개념까지도 본성론적인 구조의 틀에서 해석하였다.

선에서 말하는 깨달음[悟]이라는 개념은 체體와 용用이라는 논리적인 구조 속에서 본성을 전제로 하고 있다.

불교에서 본성론적인 사고의 뿌리는 깊다. 대승불교의 불성론佛性論이나 여래장如來藏 사상이 중국에 전해지고, 도가의 본성론적인 태도가 중국 선의 형성에 결정적인 역할을 하였다.

선종뿐만 아니라 화엄華嚴, 천태天台의 중국 교학 전반에서 본성론적인 입장이 전제되어 있고, 이러한 입장에서 경전을 해석해왔다.

연기나 공 또한 본성론적인 구조 속에서 이해하고 있다.

연기가 존재의 구조가 아니라 본체와 현상이라는 이원론적인 틀에서 본체가 현현하는 현상의 논리로 채용하고, 공 역시 만물의 근원 또는 근거로서의 의미가 강하다. 마음 역시 거꾸로 선 창조자로서의 역할을 담당하고 있는 것이다.

존재론적인 본성론이 가지고 있는 모순이나 한계는 얼마든지 지적할 수 있다.

인간은 행위의 근거로서 본능의 체계나 과학의 법칙, 또는 어떤 신적인 대상이나 이데올로기적인 관념을 상정한다.

인간은 일차적으로 동물적인 본능을 타고 태어난다. 욕망에 따라 대상을 선택하고 본능의 체계대로 움직인다.

그러나 인간은 본능의 체계대로만 살 수는 없다. 또 힘이나 원리에 행위의 근거를 둘 때, 인간은 대상이나 법칙에 의해 질서 지워지지만, 그렇다고 해서 인과의 존재인 것만은 아니다.

그런가 하면 어떤 신적인 대상이나 이데올로기적인 관념이 삶의 의미나 행동의 근거를 제공하지만, 그것은 또한 삶을 왜곡시키는 원인이 되기도 한다.

즉, 대상은 행위의 지향점을 주지만, 대상 자체가 갖는 한계나 병폐가 있다.

현재를 굴절시키는 안경과 같은 역할을 하는 것이다. 대상은 인간을 이원화시키고, 목적은 인생을 유예된 삶으로 만들고 인간을 노예화한다.

불변의 실체를 전제로 하는 본성론적인 사고는 비불교적인 태도이다.

그럴 뿐더러 인간의 삶을 빗나가게 하는 출발점인, 인간을 이끌어주고 규정 짓는 어떤 실재로서의 무엇이 있어야 한다는 환상에서 비롯되는 것이다.

궁극적인 실체나 본성이라는 전제를 가지느냐 가지지 않느냐에 따라서 문제에 접근하는 방법이 달라진다.

원시불교의 가르침이 연기라고 한다면, 불교는 궁극적인 실체와 불변의 본성을 부정하는 입장이다.

그러나 이러한 불교가 역사적으로 발전하면서 궁극적인 실체나 불변의 본성을 추구하게 되고, 연기론적인 가르침을 존재론적인 본성론의 입장으로 해석하고 이해하였다.

지금도 그 해석의 틀을 벗어나지 못하고 있고, 그 틀을 벗어나지 않는 한, 실재들에 대한 관념적인 핵을 강화시킬 수밖에 없다.

기체基體에 대한 전제들을 포기하지 않는다면, 불교는 유신론적인 태도를 강화하거나 신비주의화할 수밖에 없는 것이다.

따라서, 불교가 가지고 있는 존재론적인 본성론의 입장을 연기나 공의 인식론적인 입장으로 전환하거나 아니면 비실재론적인 새로운 세계관을 그린다면,

본성론이 가지고 있는 모순이나 병폐를 제거할 수 있을 것으로 기대한다.

선의 방법에 대한 확실성을 강조하면서도 선에 대해 비판적인 입장에 서게 된 것은 선불교가 기반하고 있는 본성론적인

전제들에 대한 의문 때문이다.

　선뿐만 아니라 불교 전반에 관한 문제이다. 정토적인 입장이라면, 본성론적인 태도를 방편으로 수용할 수도 있다.

　그러나 선적인 방법에서는 본성론적인 사고가 그렇게 필요할 것은 아니다

　연기는 인연생기因緣生起의 뜻으로 상의성相依性, 관계성을 가리킨다.

　모든 존재는 인과 연으로 이루어진 관계로서의 존재이고 독립된 실체로서 존재하지 않는다는 것이다. 이것이 있음으로 말미암아 저것이 생긴다는 연기의 논리는, 상주 불변하는 실체로서의 존재를 부정하는 것이다.

　고정 불변하는 실재로서의 무엇이 존재하고, 근원적인 근거로서 그 무엇이 있어야 한다고 생각하는 실재론적인 사고는 인간으로서 어쩔 수 없는 절대 신의 관념이나 범신론적인 개념을 갖게 된다.

　신과 인간, 본체와 현상, 주관과 객관, 성性과 상相 등 실재론적인 이원론의 구조를 가질 수밖에 없는 것이다.

　연기의 법 역시 이러한 이원론적인 구조 속에서 해석되고 재단되고 있다. 생멸 변화하는 현상은 무상하지만, 그 배후에 있는 상주 불변하는 본체를 전제하고 있는 것이다.

　제행무상의 제행이란 무엇에 의해서 지어진다는 것, 즉 인과

연의 화합에 의해서 형성된 물, 심의 모든 현상이 잠시도 쉬지 않고 생멸 변화하여 상주하는 것이 아니라 무상하다는 것이다.

제법무아는 물, 심의 모든 존재에 고정 불변하는 실체로서의 아我가 없다는 것이다. 실재론에서 말하는, 불변하는 자성을 가진 궁극적인 실체로서의 존재를 설정하지 않는 것이다.

문제는 열반적정에 있다. 열반이 욕망의 불이 꺼진 상태를 의미하지만, 이원론적인 구조 속에서 본체계를 지칭하는 개념으로 전환된다.

본체계라는 근거와 연결됨으로써 현상계는 무상하지만 본체는 상주하고, 개아가 아니라 본체로서의 대아는 영원한 아트만으로 발전하게 되는 것이다.

연기의 법은 현상과 본체라는 이원론적인 구조 속에서 현상계의 법으로 한계 지워지고, 본체계의 영원한 새로운 법의 개념이 만들어진다.

이것이 우리가 일반적으로 이해하고 사용하는 법의 개념이다.

공은 존재를 부정하는 유有의 상대 개념으로서, 무도 아니고 모순 개념으로서 비유非有도 아니다.

실재적인 사고가 가지는 실체로서의 존재 개념에 대하여 관계로서의 존재를 고정 불변의 자성에 대하여 변화의 개념으로 존재를 인식하는 것이다.

공의 입장에서 존재의 실상이라고 파악한 관계로서의 존재에 대하여 관계 자체를 실체화한다면, 또 하나의 새로운 관념적인 실재론이 될 수밖에 없다. 아니면 관계로서의 존재에 관계를 계획하고 생성 변화하게 하는 어떤 신적인 실재를 상정할 수밖에 없다.

이러한 악취궁적인 견해라면 공성 역시 유형화되어 궁극적인 실재나 만물의 근거로서의 역할을 담당하게 되는 것이다.

진공묘유眞空妙有의 진공은 유이면서 공이고, 공이면서 만물을 생성하게 하는 근거로서 자리 잡는다.

공의 이론은 연기의 발전된 논리이다.

연기가 곧 공이요 중도中道이다. 인식론적인 영역이라면 맞는 말이다.

그러나 존재론적인 영역이라면 문제가 달라진다. 연기는 생멸 변화하는 현상계의 법이요, 공은 영원한 불성의 속성이다.

"일체 중생이 모두 불성이 있다一切衆生 悉有佛性"고 가르치는 『열반경』에서는 원시불교에서의 무상無常, 고苦, 공空, 무아無我의 교리를 상常, 락樂, 아我, 정淨의 네 가지 덕으로 설하고 있다.

여기에 전제되는 것이 진제와 속제라는 이제二諦의 구분이다.

속제의 현상계는 무상하고 괴롭고 공이고 무아이지만, 법신으로서의 '나'라는 존재를 강조하고 있는 것이다. 전형적으로 본성론적인 구조로서 발전한 형태이다.

불교를 존재론과 인식론으로 구분한다면, 부처님의 가르침은 인식론적이고 경험론적이다.

'직지인심直指人心'의 마음[心]이나 '견성성불見性成佛'의 성性은 존재론적인 본성론의 실재와 동일시된다.

도가 영원한 법으로서 이理를 전제로 한 반면, 오悟는 불변의 성性을 전제로 한다.

그러면서도 본성이 공이라는 것을 표현하는 것은 끝없는 초월이나 부정의 부정, 즉 절대 부정의 길밖에 없다.

그러나 본성론적인 구조나 영역을 벗어날 수는 없다.

오히려 세계를 인식하는 구조로서의 존재론적인 본성론의 틀을 문제 삼아야 한다.

인간의 종교적 태도를 외향성과 내향성으로 구분한다면, 선적인 방법은 내향적인 방법이다. 외향, 내향의 태도 차이는 문제를 해결하는 데에서 종교적인 이상, 이상에 도달하는 방법, 그리고 사용되는 심리적인 기제까지 달라지게 한다.

외향적인 태도는 종교의 이상을 신의 나라인 천국에 둔다.

불교의 극락이나 정토라는 관념도 여기에 포함시킬 수 있다.

내향적인 태도는 열반이라는 세계를 설정한다. 천국은 천국을 주재할 신이 필요하지만, 열반의 세계에서는 신적인 요소를 요구하지 않는다.

이것이 유신론과 무신론의 차이다.

종교를 신앙의 형태나 숭배의 대상이 가지는 성질에 따라 인격적인 종교와 비인격적인 종교로 구분하기도 한다.

인격적인 종교에서 구원의 방법은 신의 은총과 계시에 의존할 수밖에 없지만, 비인격적인 종교에서는 자기 스스로 이상의 세계를 찾아갈 수밖에 없다.

유신론과 무신론의 구분은 타력他力과 자력自力이라는 태도의 차이를 낳는다. 유신론적인 종교에서 신은 타자적이고 초월적인 존재로서 인격적인 실재이다.

신격인 존재는 증명할 수도 없지만 증명할 필요도 없는 존재이다.

유신론적인 태도는 끝없는 비판과 실패 속에서도 가장 강력한 힘을 발휘하고 있다. 불교 역시 무신론적인 종교로 분류되지만, 대승불교의 불, 보살이나 정토적인 태도는 유신론적인 입장에 가깝다.

한편, 종교는 또 심리적인 성향에 따라 정적인 종교와 지적인 종교로 구분하기도 한다. 정적인 종교는 감각이나 감성에 의존하고 지적인 종교는 이성이나 직관을 주 기능으로 사용한다

이와 같은 분류법에 따르면, 이슬람교와 기독교는 정적인 종교에 속하고, 힌두교와 불교는 지적인 종교에 속한다.

이와 같이 심리적 기제나 설정된 목표의 차이에 따라 수행의 방법도 달라진다. 그 수행 방법의 성격에 따라 청원태請願態, 희

구태希求態, 체주태諦住態로 구분하기도 한다.

청원태는 초자연적인 힘을 빌어 문제를 해결하려는 태도로서, 주술이나 제사 의례를 주로 사용한다. 희구태는 초월적인 신과 인간 사이가 인격적인 관계로서, 신의 계시나 은총으로 구원받기를 바라는 신앙의 형태이다. 체주태는 지적인 종교가 가지는 내향적인 태도로서, 명상이나 관觀을 통해 실재나 진리에 도달하려는 수행 형태를 말하는 것이다.

체주태적인 명상이나 관법은 정定을 추구하는 것은 같지만, 사고의 대상으로 관념적인 내용을 가진다.

관법이 가지는 대상은 정을 얻기 위한 수단으로서의 대상이다.

명상은 궁극적인 실재나 진리에 대한 생각을 계속하여 신적인 실재나 우주적인 진리에 대한 인식을 얻는다.

관법에서는 그 대상이 가지는 내용을 인식하는 것이 아니다. 대상에 마음을 집중시킴으로써 망념이 일어나는 것을 제어하고, 적정寂定의 상태에서 궁극적인 실재와 하나가 되는 것이다.

선의 대상이 되는 것으로 공안公案이라는 화두가 있다.

그러나 화두는 관의 대상도 아니고, 명상에서와 같은 관념의 내용도 아니다. 공안에서도 관념적인 내용을 가질 수가 있으나, 명상의 방법과 같이 진리로서의 관념적인 내용을 인식하는 것이 아니다.

오히려 사고의 기능이 가지는 사량분별思量分別의 논리적 사유를 배제하는 기능을 가지고 있다.

관의 대상은 그 대상에 정신을 집중시켜 망념이 일어나지 않게 하는 기능을 한다. 공안도 화두라는 대상을 통하여 망념을 제거하는 역할을 하지만, 마음에 의심이라는 의식 작용을 일으키는 역할을 하는 것이다.

객관적으로 대상화되는 일체의 관념이나 대상도 부정하고, 오직 의심이라는 식識의 작용만 일어나게 하는 사고의 형식이 공안이라는 것이다.

다른 일반적인 종교 수행과 선적인 방법 사이의 차이는 종교적인 숭배의 대상이나 진리라는 관념적인 내용을 갖느냐 갖지 않느냐 하는 데에 있는 것 같다.

선적인 방법은 객관화되는 일체의 대상이나 관념을 부정함으로써 대상의 우상화나 관념적인 내용의 절대화가 낳는 병폐에서 벗어날 수 있다는 것이다. 즉, 의심이라는 의식 작용이 의단疑團이 되고, 대상이 되는 객체도 의식하는 자아로서의 주체도 사라지고,

인간의 근원적인 모순인 주와 객이라는 이원성二元性이 파기되어 구조적인 변화를 초래하게 되는 것이다. 범신론적인 실재론에 빠지지 않고 하나가 되는 것, 이것이 선에서 말하는 깨달음이라는 경험이다.

선의 방법 중에서 가장 정형화된 것은 묵조선默照禪과 간화선

看話禪이다. 묵조와 간화의 차이는 정定과 오悟의 인과관계에 있다.
　묵조에서는 정이 깨달음의 원인으로 작용하지만, 간화의 입장은 정과 오의 인과관계를 설정하지 않는다.
　공안의 기능은 의심이라는 의식의 각성인 것에 반하여, 묵조에서 추구하는 정은 마음의 침잠이다. 즉, 정을 추구하는 목적이 고요한 마음에 본성이 현현되기를 바라는 것이다.
　공안의 참구는 외부의 자극이나 망상이 일어나는 것을 막는데에도 목적을 두지만, 화두라는 의단은 무엇보다도 의식의 작용을 치열하게 하는 것을 추구한다. 정의 극단은 외부의 자극에 반응하는 고요한 마음의 상태이지만, 각성된 식의 작용은 순간순간의 자극에 대하여 성성적적惺惺寂寂하게 있는 그대로 정직하게 반응하는 상태인 것이다.

　불교의 기본적인 태도는 무신론적인 입장이고, 신앙적인 종교가 아니다.
　타력적인 종교에서와 같은 자기 무화無化의 태도나 신앙은, 자각을 통하여 깨달음을 추구하는 불교와는 기본적인 태도에서 차이가 있다.
　신앙화된 불교가 가지는 타력적인 태도는 어떤 의미에서는 비불교적이다. 종교는 시대와 상황에 따라 변화하고 발전해간다.
　역사적 종교라는 면에서 불교의 본질과 비본질적인 요소를 가린다는 것은 양파의 껍질을 벗기는 것만큼이나 곤란한 문제이다.

불교의 신앙화가 불교의 역사에 끼친 영향을 무시하는 것은 아니지만, 원시불교의 가르침이나 신적인 대상도, 관념적인 내용도 부정하는 선의 입장에서 본다면, 그것은 비불교적이다.

이러한 불교의 신앙화 경향이 타락인지 발전인지는 두고 볼 일이지만, 불교의 본질적인 면을 변화시켰고, 불교 의례에 다른 종교적인 신앙을 습합하는 데 일익을 담당한 것만큼은 사실이다.

이것이 한편으로는 한국 불교가 통불교通佛敎라고 자부하는 바이기도 하지만, 불교적 이념이나 행동 양식에 혼란을 가져오는 원인이 되고 있음은 명백하다.

현존하는 고등 종교로는 유대계의 유대교, 기독교, 회교, 조로아스터교와 인도계의 힌두교, 불교 들이 있다. 이 가운데에서 (대승불교의 유신론적인 경향을 제외한) 불교 하나를 뺀 나머지 모든 종교가 유신론적인 종교이다.

원시불교가 열반에 이르는 실천에 중점을 두었다면, 여기에서 파생된 대승불교는 보살의 행위에 그 가치의 중심을 두고 있다.

기독교적인 의미에서의 창조신이 아니더라도 보살도 인격성을 갖는다.

중생들은 보살의 원願이나 가피에 의해 구원받기를 바라는 신앙적인 종교의 형태를 가지게 되고, 그럼으로써 불교의 기본적인 태도에 변모를 가져왔다.

  불타의 가르침은 무상한 것을 무상한 것으로 보고, 자아에 집착하지 않으며, 욕망을 제어하고 실천을 통하여 윤회의 고통을 벗어나는 것이다.

  불교의 신앙화 문제는 감성적인 행위와 이성적인 진리 사이의 갈등의 문제만이 아니라 세계관의 차이를 가져온다.

  인간의 자아 중심성은 생존의 조건이기도 하지만, 모든 죄의 근원이기도 하고, 업에 의한 윤회의 원인이다. 이러한 자아 중심성을 벗어나는 것은 자아를 우주대로 확대하는 것이다.

  이기적인 욕망을 신적인 의지로 바꾸는 것이다. 개체보다 의미 있다고 생각되는 그 어떤 것, 즉 국가나 민족, 이념, 신념 위에 자신을 맡겨버리는 것이다. 그러나 자아를 확대하는 데에도 한계가 있고, 자기를 무화시켜 진리의 바다나 신의 품속에 뛰어들어도 자아의 그늘에서 벗어날 수는 없다. 결국은 이데올로기적인 자아로 되돌아갈 수밖에 없는 것이다.

  그러나 비인격적이고 무신론적인 태도는 자아 중심성에서 멀어지게는 하지만, 역사의 의미를 박탈한다고 한다.

  이러한 비판은 역사의 진보가 있느냐, 없느냐 논쟁에서 나타난다.

불교의 관점에서 보면, 선의 의지도 우주의 법칙도 필연적인 역사의 발전 법칙도 없다. 역사가 도전과 응전의 관계 속에서 엮이어가고, 연기의 논리나 불교의 입장에서 보면 만들어져 가는 역사이다.

아인슈타인은 신이 주사위 놀이를 했을 리가 없다고 하여 우주의 설계자로서의 신의 의지나 질서를 추구하지만, 입자의 운동은 불확정성의 원리에 의하여 질서 지워져간다는 것이다.

생물학적인 진화에서도 유전자는 복제의 기능밖에 없지만, 생물의 진화는 우연적인 요소. 즉 돌연변이의 변종에 의해서 이루어지는 것이다.

그러나 인간에게는 육체의 진화와 함께 관념 구성에서의 진화가 함께 진행되는데, 관념의 체계는 관념 자체로서 진화가 진행되어 관념의 선택이 인간의 삶의 형태를 조건 짓고 생존을 결정하게 되는 것이다.

한국은 세계 종교의 전시장이라고 할 정도로 여러 가지 종교가 존재하고 있다.

원시 종교의 샤머니즘에서부터 동서의 세계 종교, 현대의 신흥 종교들이 공존하고 있는 것이다.

종교를 초월적인 경험의 상징체계라고 한다면, 경험된 세계는 경험된 개인에게는 절대적이다.

그러나 상징의 체계나 제도화된 교회는 역사적이고 상대적이다. 문제는 역사적인 존재로서 종교를 절대시하는 데 있고, 경험된 세계에 관한 한, 선택이나 가치 판단의 문제로 남는다.

상징체계의 다양성이든 경험된 세계의 다양성이든, 지금 우리의 상황은 종교의 다원화를 맞고 있다.

이런 의미에서 본다면, 종교 이데올로기의 각축장이나 다름없는 지금의 상황에서, 신적인 어떤 대상도 가지지 않고 있거니와 경험된 내용도 절대시하지 않는 불교가 하나의 장場으로서의 역할을 할 수 있겠다.

현대 사회에서는 성스러운 것이 없다. 모든 것이 일상에 매몰되어 있다.

성스러운 것은 비일상적인 것이고, 초월적인 어떤 것의 현현이다.

원시불교의 가르침이라면, 신적인 성聖은 없다.

신의 성스러움은 어묵동정語默動靜의 일상 속에 있다.

신이나 초월이라는 이름 아래 실재는 존재하지 않는다.

인격적인 종교에서는 신의 현현, 장소의 성화, 역사적인 신화 같은 것으로 나타난다. 그러나 비인격적인 종교에서는 우주적인 원리나 불변의 본성이 구체적인 사물 속에 내재화된다.

현대의 포스트모던한 상황은 신화적이지도 않고, 존재론적이지도 않다.

오히려 기능적인 입장에 있다. 부처님의 가르침을 본성론적인 태도가 아니라 연기론적인 입장에서 해석한다면, 포스트모던의 상황이나 신과학의 입장은 새로운 불교의 장이 될 수 있다.

미래는 비관도 낙관도 아니다. 문제는 본성론적인 집착에 있다.

신적인 성화나 신화를 강조하기보다는 전후제前後際가 끊어진 현전顯前의 일상에서 성聖을 찾아야 할 것이다.

1판 1쇄 인쇄	2025년 8월 25일
1판 1쇄 발행	2025년 9월 15일
지은이	종림
펴낸이	임양묵
펴낸곳	솔출판사
총괄이사	박윤호
편집	김민석 임윤영
마케팅	한의연
경영관리	백승은
주소	서울시 마포구 와우산로29가길 80(서교동)
전화	02-332-1526
팩스	02-332-1529
블로그	blog.naver.com/sol_book
이메일	solbook@solbook.co.kr
출판등록	1990년 9월 15일 제10-420호

ⓒ 종림, 2025

ISBN   979-11-6020-214-4   (03200)

- 잘못된 책은 구입한 곳에서 바꿔드립니다.
- 책값은 뒤표지에 표시되어 있습니다.